Lexifac
DROIT

Droit administratif

Marc-Antoine Granger

Maître de conférences à l'université de Franche-Comté
Membre du CRJFC EA 3225/UBFC
Ancien chargé de mission auprès du service juridique du Conseil constitutionnel

Bréal

Imprimé par CPI Firmin Didot
Le Mesnil-sur-l'Estrée (145985)

ISBN : 978-2-7495-3770-2

SOMMAIRE

INTRODUCTION

PARTIE I
L'ORGANISATION ADMINISTRATIVE

TITRE I : LES TECHNIQUES D'ORGANISATION ADMINISTRATIVE

Chapitre 1 – La déconcentration

Chapitre 2 – La décentralisation

TITRE II : LES PERSONNES PUBLIQUES

Chapitre 1 – L'État

Chapitre 2 – Les collectivités territoriales

Chapitre 3 – Les institutions spécialisées

PARTIE II
L'ACTION ADMINISTRATIVE

TITRE I : LES FINALITÉS DE L'ACTION ADMINISTRATIVE

TITRE II : LES MOYENS JURIDIQUES DE L'ACTION ADMINISTRATIVE

PARTIE III
ES DE L'ACTION ADMINISTRATIVE

CIPE DE LÉGALITÉ

s sources de la légalité

s contrepoids au principe de légalité

CIPE DE RESPONSABILITÉ

s conditions générales de la réparation

responsabilité pour faute

Chapitre 3 – La responsabilité sans faute

INTRODUCTION

Fiche 1

QU'EST-CE QUE LE DROIT ADMINISTRATIF ?

I. LES DÉFINITIONS DU DROIT ADMINISTRATIF

Le droit administratif peut se définir de deux manières.

A. La définition maximaliste : la définition écartée

Le droit administratif *lato sensu* correspond « *au droit applicable pour l'accomplissement de la fonction administrative* » (Pierre-Laurent Frier et Jacques Petit). Il est donc dualiste en ce sens qu'il comprend à la fois les règles de droit public et les règles de droit commun applicables à l'administration. Dans le cadre de cet ouvrage, cette définition doit être écartée.

B. La définition minimaliste : la définition retenue

1. Le droit administratif public

Le droit administratif *strico sensu* désigne les seules règles de droit public applicables pour l'accomplissement de la fonction administrative. Il s'agit de la définition retenue dans le cadre de ces lignes.

2. L'acte de naissance du droit administratif public

« *La dualité de juridiction a précédé la dualité des ordres juridiques : de la définition de la compétence des juridictions administratives est née l'idée que la spécialité des litiges devait se prolonger dans celle du droit applicable à leur résolution* » (Bertrand Seiller).

a) Le principe de la séparation des autorités administratives et judiciaires

Le droit administratif public est né du principe de la séparation des autorités administratives et judiciaires qui a été posé par les dispositions de la loi des 16 et 24 août 1790 et du décret du 16 fructidor an III. En vertu de ce principe, le contentieux de l'administration est d'abord confié à l'administration elle-même. C'est le système de l'administrateur-juge – auquel il sera mis définitivement fin en 1889 (CE, 13 décembre 1889, *Cadot*). Ensuite, dès l'an VIII, le Conseil d'État est créé afin « *de résoudre les difficultés qui s'élèvent en matière administrative* » (art. 52 de la Constitution du 22 frimaire an VIII). Tel est l'« *acte fondateur de la juridiction administrative* » (Jean-Marc Sauvé). Toutefois, ce n'est que depuis la loi du 24 mai 1872 que le Conseil d'État exerce ses attributions juridictionnelles dans le cadre de la justice déléguée – et non retenue.

b) L'application d'un droit spécifique à l'action administrative

L'arrêt *Blanco* rendu le 8 février 1873 par le Tribunal des conflits consacre l'autonomie du droit administratif en ces termes : « *Considérant que la responsabilité, qui peut incomber à l'État pour les dommages causés aux particuliers par le fait des personnes qu'il emploie dans le service public, ne peut être régie par les principes qui sont établis dans le code civil, pour les rapports de particulier à particulier; que cette responsabilité [...] a ses règles spéciales qui varient suivant les besoins du service et la nécessité de concilier les droits de l'État avec les droits privés.»*

II. LA VAINE RECHERCHE DU CRITÈRE DU DROIT ADMINISTRATIF

La doctrine a tenté de dégager le critère du droit administratif. Toutefois, cette recherche a été vaine.

A. Les écoles de la puissance publique et du service public

1. L'école de la puissance publique

Maurice Hauriou (1856-1929; doyen de la faculté de droit de Toulouse) fait de la puissance publique le critère du droit administratif.

2. L'école du service public

Léon Duguit (1859-1928; doyen de la faculté de droit de Bordeaux) fait du service public le critère du droit administratif.

B. L'inexistence d'un critère unique

Le critère du droit administratif « *n'existe pas. En bonne logique, il n'y a aucune raison de poser* a priori *que le droit administratif s'organise autour d'un seul principe*» (Jean Rivero). Sans doute, « *la spécificité du droit administratif réside dans l'entrelacement des notions de puissance publique et de service public, tant les moyens sont indissociables des fins, qui seules peuvent les justifier*» (Agathe Van Lang).

PARTIE I

L'ORGANISATION ADMINISTRATIVE

TITRE I

LES TECHNIQUES D'ORGANISATION ADMINISTRATIVE

Fiche 2

LA NOTION DE DÉCONCENTRATION

I. LA DÉFINITION

A. La définition doctrinale

La déconcentration consiste, pour le pouvoir central, à confier certains pouvoirs de décision à des agents locaux – les services déconcentrés – placés sous son pouvoir hiérarchique. Le périmètre des matières relevant de l'État n'est pas modifié : la décision est toujours prise en son nom par l'un de ses agents locaux.

B. La définition donnée par le droit positif

Selon l'article 1er du décret n° 2015-510 du 7 mai 2015 portant charte de la déconcentration, « *la déconcentration consiste à confier aux échelons territoriaux des administrations civiles de l'État le pouvoir, les moyens et la capacité d'initiative pour animer, coordonner et mettre en œuvre les politiques publiques définies au niveau national et européen, dans un objectif d'efficience, de modernisation, de simplification, d'équité des territoires et de proximité avec les usagers et les acteurs locaux* ».

II. LES AVANTAGES DE LA DÉCONCENTRATION

Au moins trois avantages peuvent être identifiés.

A. Le rapprochement de l'administration et des administrés

La déconcentration permet de rapprocher l'administration des administrés et d'adapter ainsi l'action administrative aux réalités locales. Cette idée est parfaitement traduite par deux formules célèbres :

- la formule d'Odilon Barrot (1791-1873) selon laquelle dans la déconcentration, « *c'est toujours le même marteau qui frappe ; seulement on a raccourci le manche* » ;
- la formule du décret impérial du 25 mars 1852 sur la décentralisation administrative selon laquelle « *on peut gouverner de loin mais on n'administre que de près* ».

B. Le désencombrement des autorités centrales

La déconcentration doit permettre d'éviter « *l'apoplexie au centre* » (Félicité de Lamennais ; 1782-1854), soit la remontée systématique des dossiers à Paris.

C. Le maintien de la cohérence de l'action administrative

Dans le cadre de la déconcentration, le pouvoir hiérarchique permet de garantir la cohérence de l'action administrative.

III. LE CADRE JURIDIQUE DE LA DÉCONCENTRATION

A. La compétence du pouvoir réglementaire pour fixer ce cadre juridique

Le Conseil constitutionnel juge que les « *dispositions qui distinguent entre administrations centrales et services déconcentrés ont trait à la composition et à la répartition des attributions des administrations civiles de l'État, lesquelles relèvent de la compétence du pouvoir exécutif en vertu de l'article 20 de la Constitution* » (Cons. const., décision n° 97-180 L du 21 janvier 1997, *Nature juridique de l'article 2 de la loi d'orientation n° 92-125 du 6 février 1992 relative à l'administration territoriale de la République*).

B. La consistance de ce cadre juridique

Les principes de déconcentration pour l'organisation des administrations civiles de l'État ont été principalement posés par le décret n° 2015-510 du 7 mai 2015 précité. En particulier, il prévoit les principes de subsidiarité et de modularité, conforte le rôle essentiel du département dans la mise en œuvre des politiques publiques et institutionnalise une conférence nationale de l'administration territoriale de l'État.

1. Le principe de subsidiarité

Les administrations centrales et les services à compétence nationale ont une compétence d'attribution dans la mesure où leur sont confiées les seules missions qui présentent un caractère national ou dont l'exécution, en vertu de la loi, ne peut être déléguée à un échelon territorial. En revanche, les autres missions, notamment celles qui intéressent les relations entre l'État et les collectivités territoriales, sont confiées aux services déconcentrés (art. 2, alinéas 3 et 4 du décret n° 2015-510 du 7 mai 2015 précité).

2. Le principe de modularité

Dans certaines conditions, et pour s'adapter aux spécificités du territoire dont il a la charge, le préfet de région peut proposer au Premier ministre une modification des règles d'organisation des services déconcentrés et de répartition des missions entre ces services (art. 16 du décret n° 2015-510 du 7 mai 2015 précité).

3. Le département : échelon territorial de droit commun de mise en œuvre des politiques publiques

En principe, la circonscription départementale est l'échelon territorial de mise en œuvre des politiques nationales et de l'Union européenne (art. 6 du décret n° 2015-510 du 7 mai 2015 précité).

4. La mise en place de la Conférence nationale de l'administration territoriale de l'État

La Conférence nationale de l'administration territoriale de l'État (CNATE) est chargée d'animer les relations entre administrations centrales et services déconcentrés et de veiller à l'application de la charte de déconcentration, en rassemblant notamment les secrétaires généraux des ministères et les préfets de région (art. 17 et 18 du décret n° 2015-510 du 7 mai 2015 précité).

Fiche 3

LE POUVOIR HIÉRARCHIQUE

Dans le cadre de la déconcentration, l'action de l'agent local est soumise au pouvoir hiérarchique de l'État. Aussi le pouvoir hiérarchique se présente-t-il comme « *le critère fondamental de la déconcentration* » (Denys de Béchillon).

I. LES COMPOSANTES DU POUVOIR HIÉRARCHIQUE

Les composantes du pouvoir hiérarchique sont au nombre de trois.

A. Le pouvoir d'instruction

1. Le devoir d'obéissance

Le supérieur hiérarchique – principalement le ministre – définit le comportement des agents qui lui sont subordonnés en leur adressant des instructions qu'ils doivent respecter, sauf à faire l'objet de poursuites disciplinaires (CE, 10 novembre 1944, *Langneur*).

2. Le devoir de désobéissance en cas d'ordre illégal

Si l'ordre est « *manifestement illégal et de nature à compromettre gravement un intérêt public* », l'agent doit désobéir (art. 28 de la loi n° 83-634 du 13 juillet 1983 portant droits et obligations des fonctionnaires qui reprend la jurisprudence *Langneur*).

B. Le pouvoir d'annulation ou de réformation des décisions du subordonné

Le supérieur hiérarchique peut annuler ou réformer les décisions de son subordonné. Ce pouvoir est cependant limité par les règles relatives au retrait et à l'abrogation des actes administratifs unilatéraux. En particulier, le supérieur hiérarchique se doit de respecter les droits acquis.

C. Le pouvoir de substitution

1. Le principe : l'absence de pouvoir de substitution

En principe, le supérieur hiérarchique ne dispose pas du pouvoir de substituer ses décisions à celles de ses subordonnés.

2. Les exceptions

Le supérieur hiérarchique dispose d'un pouvoir de substitution seulement dans les cas prévus par les textes. Par exemple, le législateur a prévu que « *dans le cas où le maire, en tant qu'agent de l'État, refuserait ou négligerait de faire un des actes qui lui sont prescrits par la loi, le représentant de l'État dans le département peut, après l'en avoir requis, y procéder d'office par lui-même ou par un délégué spécial*» (art. L. 2122-34 du CGCT).

II. LES CARACTÉRISTIQUES DU POUVOIR HIÉRARCHIQUE

A. Un principe général du droit

Le pouvoir hiérarchique appartient de plein droit à l'autorité supérieure en vertu d'un principe général du droit (CE, 30 juin 1950, Quéralt).

B. Un pouvoir hiérarchique exercé spontanément ou à la suite d'un recours

Le pouvoir hiérarchique peut être exercé spontanément ou à la suite d'un recours hiérarchique. Lorsque le recours hiérarchique est imposé comme un préalable obligatoire au recours contentieux, la décision du supérieur hiérarchique se substitue rétroactivement à la décision initiale.

Fiche 4

LA NOTION DE DÉCENTRALISATION

I. LA DÉFINITION

La décentralisation « *consiste à conférer à une entité la personnalité morale, en rompant le lien hiérarchique entre elle et l'État central au profit d'un simple contrôle [...]. Conséquence de ce choix, le pouvoir de décision est réparti entre de multiples personnes morales autonomes dotées d'organes propres pour mettre en œuvre les compétences qui leur sont reconnues pour la gestion des affaires publiques* » (Pierre-Laurent Frier et Jacques Petit). Elle permet notamment de faire vivre la démocratie locale : « *Les institutions communales sont à la liberté ce que les écoles primaires sont à la science; elles la mettent à la portée du public; elles lui en font goûter l'usage paisible et l'habituent à s'en servir* » (Alexis de Tocqueville).

On distingue la décentralisation territoriale de la décentralisation technique ou par services.

A. La décentralisation territoriale

1. La définition

Elle se traduit par l'attribution de la personnalité morale à des entités infra-étatiques, soit les collectivités territoriales, qui disposent des moyens leur permettant de s'administrer librement.

2. La consécration constitutionnelle de l'organisation décentralisée de la République

L'article 1er (alinéa 1er) de la Constitution prévoit que l'organisation de la République est décentralisée.

Les grands principes de la décentralisation figurent également dans le texte constitutionnel. Il s'agit notamment :

- du principe de la libre administration des collectivités territoriales de la République (art. 72, alinéa 3, de la Constitution) ;
- du principe de subsidiarité selon lequel les collectivités territoriales ont vocation à prendre les décisions pour l'ensemble des compétences qui peuvent le mieux être mises en œuvre à leur échelon (art. 72, alinéa 2, de la Constitution) ;
- du principe de l'autonomie financière des collectivités territoriales selon lequel ces dernières bénéficient de ressources dont elles peuvent disposer librement (art. 72-2, alinéa 1er, de la Constitution).

B. La décentralisation technique ou par services

1. La définition

Elle se traduit par l'attribution de la personnalité morale à des institutions – par exemple, des établissements publics ou des groupements d'intérêt public – afin de « *permettre à un ensemble de personnes d'assurer la gestion des affaires correspondant à la spécialité de l'institution, par l'intermédiaire de leurs représentants (normalement) élus, comme c'est le cas pour [...] les Universités* » (René Chapus).

2. La compétence du législateur pour créer des catégories d'établissements publics

En vertu de l'article 34 de la Constitution, c'est le législateur qui doit fixer les règles concernant la création de catégories d'établissements publics.

II. L'EXERCICE DU DÉFÉRÉ PRÉFECTORAL À L'ENCONTRE DES ACTES DES COLLECTIVITÉS TERRITORIALES

A. La définition du déféré préfectoral

Prévu par les articles L. 2131-6, L. 3132-1 et L. 4142-1 du CGCT, le déféré préfectoral désigne le recours formé par le préfet devant le tribunal administratif à l'encontre notamment des actes des collectivités territoriales, de leurs établissements publics et des établissements publics de coopération intercommunale (EPCI). Ce recours est une sorte de recours pour excès de pouvoir.

B. La constitutionnalité du déféré préfectoral

1. Le fondement constitutionnel

Le dernier alinéa de l'article 72 de la Constitution prévoit que, « *dans les collectivités territoriales de la République, le représentant de l'État, représentant de chacun des membres du Gouvernement, a la charge des intérêts nationaux, du contrôle administratif et du respect des lois* ».

2. L'interprétation donnée par le Conseil constitutionnel

Le Conseil constitutionnel considère que ces prérogatives du représentant de l'État « *ne peuvent être ni restreintes ni privées d'effet, même temporairement [...]. L'intervention du législateur est donc subordonnée à la condition que le contrôle administratif [...] permette d'assurer le respect des lois et, plus généralement, la sauvegarde des intérêts nationaux auxquels, de surcroît, se rattache l'application des engagements internationaux contractés à cette fin* » (Cons. const., décision n° 82-137 DC du 25 février 1982, *Loi relative aux droits et libertés des communes, des départements et des régions*). Le Conseil juge qu'en donnant au représentant de l'État la faculté de soumettre au contrôle juridictionnel les délibérations, arrêtés, actes et conventions pris ou passées par les autorités communales, départementales et régionales, le législateur n'a pas restreint la portée de l'ancien alinéa 3 – devenu le dernier alinéa – de l'article 72 de la Constitution (*id.*).

Fiche 5

LA LIBRE ADMINISTRATION DES COLLECTIVITÉS TERRITORIALES

I. LE PRINCIPE DE LIBRE ADMINISTRATION DES COLLECTIVITÉS TERRITORIALES

A. Un principe de répartition des compétences entre la loi et le règlement

En vertu de l'article 34 de la Constitution, c'est au législateur qu'il appartient de déterminer les principes fondamentaux de la libre administration des collectivités territoriales, de leurs compétences et de leurs ressources.

B. Un principe de fond

Consacré par le troisième alinéa de l'article 72 de la Constitution, le principe de libre administration des collectivités territoriales est un principe de fond qui constitue un «*cadre d'autonomie*» pour les collectivités territoriales (François Luchaire et Gérard Conac). Le Conseil constitutionnel a progressivement fixé les contours de ce principe qui suppose notamment:

- l'existence d'un conseil élu doté d'attributions effectives (Cons. const., décision n° 85-196 DC du 8 août 1985, *Loi sur l'évolution de la Nouvelle-Calédonie*);
- une autonomie financière (Cons. const., décision n° 90-277 DC du 25 juillet 1990, *Loi relative à la révision générale des évaluations des immeubles retenus pour la détermination des bases des impôts directs locaux*);
- un pouvoir réglementaire (Cons. const., décision n° 2001-454 DC du 17 janvier 2002, *Loi relative à la Corse* et art. 72, alinéa 3, de la Constitution);
- la liberté contractuelle (Cons. const., décision n° 2006-543 DC du 30 novembre 2006, *Loi relative au secteur de l'énergie*).

II. LES LIMITES AU PRINCIPE DE LIBRE ADMINISTRATION DES COLLECTIVITÉS TERRITORIALES

Le principe de libre administration des collectivités territoriales n'est pas absolu. Il doit être concilié avec d'autres exigences constitutionnelles.

A. Le respect de l'indivisibilité de la République

1. La consécration du principe

Le Conseil constitutionnel a jugé que si le législateur dispose d'attributions en matière de libre administration des collectivités territoriales, il lui faut néanmoins respecter les « *règles supérieures de droit par lesquelles la Constitution adoptée par le peuple français a proclamé l'indivisibilité de la République, affirmé l'intégrité du territoire et fixé l'organisation des pouvoirs publics* » (Cons. const., décision n° 82-137 DC du 25 février 1982, *Loi relative aux droits et libertés des communes, des départements et des régions*).

2. Les illustrations jurisprudentielles

Deux exemples jurisprudentiels peuvent être fournis.

a) L'impossible reconnaissance d'un peuple Corse

Le Conseil a jugé que « *la mention faite par le législateur du* "peuple corse, composante du peuple français" *est contraire à la Constitution, laquelle ne connaît que le peuple français, composé de tous les citoyens français sans distinction d'origine, de race ou de religion* » (Cons. const., décision n° 91-290 DC du 9 mai 1991, *Loi portant statut de la collectivité territoriale de Corse*).

b) Le respect de la répartition constitutionnelle des compétences

Le législateur ne doit pas méconnaître la répartition constitutionnelle des compétences. En ce sens, le Conseil constitutionnel a jugé « *qu'en ouvrant au législateur, fût-ce à titre expérimental, dérogatoire et limité dans le temps, la possibilité d'autoriser la collectivité territoriale de Corse à prendre des mesures relevant du domaine de la loi, la loi déférée* [était] *intervenue dans un domaine qui ne relève que de la Constitution* » (Cons. const., décision n° 2001-454 DC du 17 janvier 2002 précitée). C'est dire que les collectivités territoriales ne disposent pas de la « *compétence de leur compétence* », ce qui exclut des rapports de type fédéral ou régional. Depuis 2003, la Constitution reconnaît cependant – dans de strictes conditions – la possibilité pour les collectivités territoriales ou leurs groupements de déroger aux lois et règlements nationaux (art. 72, alinéa 4, de la Constitution).

B. Le respect de l'égalité devant la loi

« *Si le principe de libre administration des collectivités territoriales a valeur constitutionnelle, il ne saurait conduire à ce que les conditions essentielles d'application d'une loi organisant l'exercice d'une liberté publique dépendent de décisions des collectivités territoriales et, ainsi, puissent ne pas être les mêmes sur l'ensemble du territoire* » (Cons. const., décision n° 84-185 DC du 18 janvier 1985, *Loi modifiant et complétant la loi n° 83-663 du 22 juillet 1983 et portant dispositions diverses relatives aux rapports entre l'État et les collectivités territoriales*).

TITRE II

LES PERSONNES PUBLIQUES

Fiche 6

L'ADMINISTRATION CENTRALE DE L'ÉTAT

L'administration centrale de l'État comprend l'ensemble des autorités qui composent le pouvoir exécutif, soit le président de la République et le Gouvernement. À côté de leur rôle politique, ces autorités jouent un rôle administratif.

I. LES ATTRIBUTIONS ADMINISTRATIVES DU PRÉSIDENT DE LA RÉPUBLIQUE

« *Clef de voûte des institutions* » (Michel Debré), le chef de l'État dispose d'importantes prérogatives en matière administrative.

A. L'exercice du pouvoir réglementaire

Le premier alinéa de l'article 13 de la Constitution dispose que « *le président de la République signe les ordonnances et les décrets délibérés en Conseil des ministres* ».

B. Le pouvoir de nomination

Outre la nomination des membres du Gouvernement (art. 8, alinéa 2, de la Constitution), le président de la République « *nomme aux emplois civils et militaires de l'État* » (art. 13, alinéa 2, de la Constitution). Deux catégories d'emplois peuvent être distinguées.

1. La nomination par décret pris en Conseil des ministres

Le président de la République nomme aux emplois auxquels il est pourvu en Conseil des ministres. Cette nomination en Conseil des ministres peut être prévue par :

- la Constitution. Tel est le cas du troisième alinéa de l'article 13 de la Constitution qui prévoit que les conseillers d'État, le grand chancelier de la Légion d'honneur, les ambassadeurs et envoyés extraordinaires, les conseillers maîtres à la Cour des comptes, les préfets, les représentants de l'État dans les collectivités d'outre-mer régies par l'article 74 et en Nouvelle-Calédonie, les officiers généraux, les recteurs des académies et les directeurs des administrations centrales sont nommés en Conseil des ministres ;
- une loi organique (art. 13, alinéa 4, de la Constitution). Tel est le cas, par exemple, du procureur général près la Cour des comptes (art. 1er, alinéa 2, de l'ordonnance n° 58-1136 du 28 novembre 1958 portant loi organique concernant les nominations aux emplois civils et militaires de l'État) ;

- une disposition législative ordinaire ou réglementaire. Tel est le cas, par exemple, de l'article L. 133-1 du CJA qui prévoit que le vice-président du Conseil d'État est nommé par décret pris en Conseil des ministres, sur la proposition du garde des Sceaux, ministre de la Justice.

2. La nomination présidentielle par décret simple

Le président de la République nomme plusieurs dizaines de milliers d'emplois par décrets simples (par exemple, les membres du Conseil d'État et de la Cour des comptes, les magistrats de l'ordre judiciaire ainsi que les professeurs de l'enseignement supérieur, les officiers des armées de terre, de mer et de l'air). Il reste que le président de la République se trouve en principe lié par les procédures de recrutement ou de promotion.

3. Le contrôle des nominations présidentielles

a) La procédure

Le pouvoir de nomination du chef de l'État est parfois soumis à une contrainte nouvelle. En effet, à la suite de la révision constitutionnelle du 23 juillet 2008, le dernier alinéa de l'article 13 de la Constitution prévoit que lorsqu'il s'agit d'emplois ou fonctions – autres que ceux mentionnés au troisième alinéa de l'article 13 –, importants(es) pour la garantie des droits et libertés ou la vie économique et sociale de la nation, le pouvoir de nomination du président de la République s'exerce après avis public de la commission permanente compétente de chaque assemblée. Le président de la République ne peut procéder à une nomination lorsque l'addition des votes négatifs dans chaque commission représente au moins trois cinquièmes des suffrages exprimés au sein des deux commissions.

b) Illustrations

Sont notamment soumises à cette procédure, les nominations du gouverneur de la Banque de France, du président du Centre national de la recherche scientifique (CNRS), du Contrôleur général des lieux de privation de liberté (loi organique n° 2010-837 du 23 juillet 2010 relative à l'application du cinquième alinéa de l'article 13 de la Constitution), des membres du Conseil constitutionnel (art. 56, alinéa 1er, de la Constitution) ainsi que du Défenseur des droits (art. 71-1, alinéa 4, de la Constitution).

C. Les mesures exigées par les circonstances prises en vertu de l'article 16 de la Constitution

Dans le cadre de ses pouvoirs exceptionnels (art. 16 de la Constitution), le président de la République prend les mesures exigées par les circonstances.

II. LES ATTRIBUTIONS ADMINISTRATIVES DU PREMIER MINISTRE

A. Le pouvoir réglementaire

1. Le pouvoir réglementaire d'exécution des lois et le pouvoir réglementaire autonome

Le premier alinéa de l'article 21 de la Constitution prévoit que, « *sous réserve des dispositions de l'article 13, [le Premier ministre] exerce le pouvoir réglementaire* ». Il s'agit :

- d'une part, du pouvoir réglementaire d'exécution des lois ;
- et, d'autre part, du pouvoir réglementaire autonome dans les matières qui ne relèvent pas du domaine de la loi (art. 37, alinéa 1er, de la Constitution).

2. Le pouvoir réglementaire de police

Il résulte de la jurisprudence *Labonne* (CE, 8 août 1919) et de ses prolongements qu'« *en donnant compétence au législateur pour fixer "les règles concernant [...] les garanties fondamentales accordées aux citoyens pour l'exercice des libertés publiques", l'article 34 de la Constitution n'a pas retiré au chef du Gouvernement les attributions de police générale qu'il exerçait antérieurement* » (CE, 17 février 1978, *Association Comité pour léguer l'esprit de la Résistance (CLER)*). Autrement dit, le Premier ministre exerce le pouvoir de police générale en prenant les règlements de police applicables à l'ensemble du territoire national.

B. Le pouvoir de nomination

Le premier alinéa de l'article 21 de la Constitution prévoit que, « *sous réserve des dispositions de l'article 13, il [...] nomme aux emplois civils et militaires* ». En pratique, et en vertu de l'article 21, alinéa 2, de la Constitution, le Premier ministre délègue très souvent sa compétence en la matière.

C. Le pouvoir de direction de l'action du Gouvernement

En vertu de l'alinéa 1er de l'article 21 de la Constitution, « *le Premier ministre dirige l'action du Gouvernement* ». Aussi peut-il adresser des instructions aux membres du Gouvernement et aux administrations placées sous leur autorité.

III. LES ATTRIBUTIONS ADMINISTRATIVES DES MINISTRES

Les ministres disposent d'un pouvoir hiérarchique et de nomination sur les agents. En outre, ils disposent d'un pouvoir réglementaire. En particulier, par son arrêt *Jamart* rendu le 7 février 1936, le Conseil d'État a reconnu à tout chef de service – notamment aux ministres – le droit de « *prendre des mesures nécessaires au bon fonctionnement de l'administration placée sous son autorité* ». Les chefs de service « *peuvent notamment, dans la mesure où l'exige l'intérêt du service, interdire l'accès des locaux qui y sont affectés aux personnes dont la présence serait susceptible de troubler le fonctionnement régulier dudit service* » (*id.*).

Fiche 7

LES AUTORITÉS ADMINISTRATIVES INDÉPENDANTES

I. LA DÉFINITION DES AUTORITÉS ADMINISTRATIVES/PUBLIQUES INDÉPENDANTES

A. La définition des termes de l'expression

L'expression « *autorité administrative indépendante* » (AAI) apparaît pour la première fois avec la loi n° 78-17 du 6 janvier 1978 relative à l'informatique, aux fichiers et aux libertés qui crée la Commission nationale de l'informatique et des libertés (Cnil).

1. Des autorités

a) Le pouvoir de décision des AAI

Les AAI disposent en principe d'un pouvoir de décision. Par exemple, pour les catégories les plus courantes de traitements de données à caractère personnel qui ne portent pas atteinte à la vie privée ou aux libertés, la Cnil établit et publie des normes destinées à simplifier l'obligation de déclaration (art. 24, I, de la loi n° 78-17 du 6 janvier 1978 précitée).

b) Le pouvoir d'influence des AAI

Même si certaines AAI n'ont pas de pouvoir de décision, leur pouvoir d'influence « *est patent et se traduit soit par le constat que les avis, même non rendus publics, sont en fait suivis par leur destinataire, soit par un pouvoir d'autosaisine avec publicité de l'avis donné, soit par l'élaboration d'un rapport public périodique mettant en évidence des dysfonctionnements* » (Conseil d'État, *Rapport public 2001*, La documentation française, 2001, p. 290).

2. Des autorités administratives

Il s'agit d'autorités administratives qui n'appartiennent donc ni au pouvoir législatif, ni à l'autorité judiciaire.

3. Des autorités indépendantes

a) L'indépendance à l'égard de l'exécutif

Contrairement à ce que prévoit la lettre de l'article 20 de la Constitution – le Gouvernement « *dispose de l'administration* » –, les AAI sont indépendantes du pouvoir exécutif, ce qui suppose qu'elles ne sont soumises ni au pouvoir hiérarchique, ni au pouvoir de tutelle de l'État. Sur le plan organique, cette indépendance transparaît dans la composition des AAI qui comprend généralement des personnalités qualifiées, des magistrats et des élus.

b) L'indépendance à l'égard des groupes d'intérêt

Si les AAI sont composées de personnalités qualifiées, celles-ci doivent être indépendantes des groupes d'intérêt tant privés que publics. En ce sens, les membres des AAI et des API doivent notamment veiller à prévenir ou à faire cesser immédiatement tout conflit d'intérêts (cf. l'art. 9, alinéa 1er, de la loi n° 2017-55 du 20 janvier 2017 portant statut général des autorités administratives indépendantes et des autorités publiques indépendantes).

B. La distinction entre les AAI et les API

Alors que les AAI ne disposent pas de la personnalité morale, les autorités publiques indépendantes (API) disposent d'une telle personnalité (art. 2 de la loi n° 2017-55 du 20 janvier 2017). Les API peuvent donc percevoir des ressources fiscales et ester en justice.

C. La notion d'autorité constitutionnelle indépendante

1. La recommandation du « comité Balladur » de créer un Défenseur des droits

Fort du succès rencontré en Espagne par le Défenseur du peuple, le comité de réflexion et de proposition sur la modernisation et le rééquilibrage des institutions de la Ve République, présidé par M. Édouard Balladur, avait formulé le double vœu de modifier la dénomination du médiateur de la République et de consacrer un titre de la Constitution à un « *Défenseur des droits fondamentaux* ».

2. La révision constitutionnelle de 2008 instituant le Défenseur des droits

Le « comité Balladur » a été entendu, le constituant de 2008 ayant inséré dans la Constitution un titre XI *bis* consacré au « *Défenseur des droits* ». L'unique article de ce nouveau titre – l'article 71-1 de la Constitution – assigne au Défenseur des droits la mission ambitieuse de « *veille[r] au respect des droits et libertés par les administrations de l'État, les collectivités territoriales, les établissements publics, ainsi que par tout organisme investi d'une mission de service public, ou à l'égard duquel la loi organique lui attribue des compétences* ». Il s'agit de l'unique « *autorité administrative dont l'indépendance trouve son fondement dans la Constitution* » (Cons. const., décision n° 2011-626 DC du 29 mars 2011, *Loi organique relative au Défenseur des droits*). Cette autorité est nommée par le président de la République pour un mandat de six ans non renouvelable (il s'agit actuellement de M. Jacques Toubon).

II. LE CADRE JURIDIQUE DES AUTORITÉS ADMINISTRATIVES/PUBLIQUES INDÉPENDANTES

Depuis 1978, les AAI se sont développées à un rythme accru, essentiellement pour protéger les libertés publiques ou réguler des secteurs économiques. Déjà dans son rapport public de 2001, le Conseil d'État invitait à « *prendre quelque recul par rapport au mouvement spontané de multiplication des autorités administratives indépendantes auquel on a assisté depuis plusieurs années*» (rapport précité). En effet, l'AAI « *ne saurait devenir un mode d'administration de droit commun*» (*id.*). En 2017, les législateurs organique et ordinaire ont fixé le cadre juridique des AAI et API.

A. La compétence du législateur pour créer les AAI et API

1. La consécration de la compétence du législateur

Sur le fondement du dernier alinéa de l'article 34 de la Constitution, le législateur organique a réservé au législateur la compétence d'instituer les AAI et API (art. 1er, alinéa 1er, de la loi organique n° 2017-54 du 20 janvier 2017 relative aux autorités administratives indépendantes et autorités publiques indépendantes).

2. La liste des AAI et API

a) Les AAI ou API retenues

26 AAI ou API ont été retenues par le législateur (annexe de la loi n° 2017-55 du 20 janvier 2017 précitée). Il s'agit, par exemple, de l'Agence française de lutte contre le dopage (AFLD), de l'Autorité de régulation des communications électroniques et des postes (Arcep), de l'Autorité de la concurrence, de l'Autorité des marchés financiers (AMF), de la Commission d'accès aux documents administratifs (Cada), de la Commission du secret de la défense nationale (CSDN), de la Commission nationale de contrôle des techniques de renseignement (CNCTR) et de la Cnil.

b) Le critère utilisé par le législateur

Il ressort des travaux parlementaires que le législateur a retenu comme critère la détention par l'entité concernée de pouvoirs normatifs, de contrainte, de régulation ou de sanction (rapport nos 3689 et 3693 fait par M. Jean-Luc Warsmann, enregistré à la présidence de l'Assemblée nationale le 26 avril 2016).

B. La compétence du législateur pour fixer le statut des AAI et API

1. Le périmètre de la compétence du législateur

Le législateur organique a confié au législateur ordinaire le soin de fixer « *les règles relatives à la composition et aux attributions ainsi que les principes fondamentaux relatifs à l'organisation et au fonctionnement*» des AAI et API (art. 1er, alinéa 2, de la loi organique n° 2017-54 du 20 janvier 2017 précitée). Bien sûr, cette compétence ne s'étend pas au Défenseur des droits puisque son statut et ses compétences relèvent, non de la loi ordinaire, mais de la loi organique (n° 2011-333 du 29 mars 2011), conformément à l'article 71-1 de la Constitution.

2. La loi du 20 janvier 2017 portant statut général des AAI et API

C'est la loi n° 2017-55 du 20 janvier 2017 qui a fixé le statut général des AAI et API. Ce statut comprend notamment des règles relatives :

- aux mandats et à la déontologie des membres des AAI et API ;
- aux incompatibilités ;
- et au contrôle parlementaire.

Fiche 8

LES COLLECTIVITÉS TERRITORIALES DE DROIT COMMUN

On distingue trois niveaux de collectivités territoriales.

I. LA COMMUNE

Succédant aux paroisses, les communes ont été créées par une loi du 14 décembre 1789. Elles « *constituent le premier niveau d'administration publique et le premier échelon de proximité* » (art. 145, alinéa 1er, de la loi n° 2004-809 du 13 août 2004 relative aux libertés et responsabilités locales).

A. Les organes de la commune

Le corps municipal de chaque commune se compose du conseil municipal, du maire et d'un ou plusieurs adjoints (art. L. 2121-1, I, du CGCT).

1. Le conseil municipal

a) La composition

En fonction de la population de la commune, le nombre de conseillers municipaux varie de 7 – pour les communes de moins de 100 habitants – à 69 – pour les communes de 300 000 habitants et plus (art. L. 2121-2 du CGCT). Quant au conseil de Paris, il est composé de 163 membres (art. L. 2512-3 du CGCT).

b) Les modes de scrutin

Les conseillers municipaux sont élus pour six ans (art. L. 227 du code électoral) au suffrage universel direct. Le mode de scrutin varie selon la taille de la commune :

- pour les communes de moins de 1 000 habitants, les conseillers municipaux sont élus au scrutin majoritaire plurinominal à deux tours (art. L. 252 du code électoral) ;
- pour les communes de 1 000 habitants et plus, les conseillers municipaux sont élus au scrutin proportionnel de liste à deux tours (art. L. 260 du code électoral).

c) Les compétences

Présidé par le maire, « *le conseil municipal règle par ses délibérations les affaires de la commune* » (art. L. 2121-29, alinéa 1er, du CGCT). En particulier, le conseil municipal vote le budget de la commune proposé par le maire (art. L. 2312-1 du CGCT), gère le domaine – public ou privé – communal et peut créer des services publics municipaux (par exemple, création et implantation des écoles et classes élémentaires et maternelles d'enseignement public : art. L. 2121-30 du CGCT).

2. Le maire et ses adjoints

a) La désignation

Le maire et son ou ses adjoints sont élus parmi les membres du conseil municipal (art. L. 2122-1 du CGCT).

b) Les compétences du maire

Le maire a une « *double casquette* » puisqu'il est à la fois un agent de l'État et le chef de l'exécutif de la commune.

En tant qu'agent de l'État, il a notamment – comme ses adjoints – la qualité d'officier de police judiciaire (OPJ) (art. L. 2122-31 du CGCT). Il s'agit là d'une survivance d'un temps plus ancien où le territoire national était mal maîtrisé et les moyens de transport peu développés. Naturellement, les maires et leurs adjoints ne pourraient pas placer une personne en garde à vue ni diligenter une enquête sans qu'ils soient immédiatement dessaisis par le procureur de la République.

En tant que chef de l'exécutif de la commune, il est notamment :

- le chef de l'administration communale (art. L. 2122-18 du CGCT) ;
- chargé de la police municipale et de la police rurale (art. L. 2212-1 et s. du CGCT) ;
- chargé de certaines polices spéciales (baignade, circulation, etc.).

B. La coopération intercommunale

1. Le cadre juridique

Face à l'émiettement communal, la coopération intercommunale s'est développée. En ce sens, sont créés des EPCI qui prennent différentes formes : les syndicats de communes, les communautés de communes, les communautés urbaines, les communautés d'agglomérations et les métropoles. Les syndicats sont des EPCI sans fiscalité propre, de telle sorte qu'ils sont dépourvus de tout pouvoir en matière fiscale. Les communautés de communes, les communautés urbaines, les communautés d'agglomérations et les métropoles sont des EPCI à fiscalité propre.

2. Les données statistiques

Au 1er janvier 2017, on recense 1 266 EPCI à fiscalité propre sur le territoire français. Parmi ceux-ci, on dénombre 14 métropoles, 15 communautés urbaines, 219 communautés d'agglomération et 1 018 communautés de communes (www.collectivites-locales.gouv.fr).

II. LE DÉPARTEMENT

Créés par une loi du 22 décembre 1789, les départements sont aujourd'hui au nombre de 101, dont 96 en métropole.

A. Le conseil départemental

1. La composition

Il y a dans chaque département un conseil départemental – dénomination qui se substitue à celle de conseil général depuis la loi n° 2013-403 du 17 mai 2013 relative à l'élection des conseillers départementaux, des conseillers municipaux et des conseillers communautaires, et modifiant le calendrier électoral – qui représente la population et les territoires qui le composent (art. L. 3121-1 du CGCT). Les conseillers départementaux sont élus pour six ans. Les électeurs de chaque canton du département élisent au conseil départemental deux membres de sexe différent, qui se présentent en binôme de candidats (art. L. 191 du code électoral).

2. La réunion

Le conseil départemental se réunit à l'initiative de son président, au moins une fois par trimestre (art. L. 3121-9 du CGCT).

3. Les compétences

Le conseil départemental règle par ses délibérations les affaires du département dans les domaines de compétences que la loi lui attribue (art. L. 3211-1 du CGCT). Il a notamment pour compétence :

- de voter le budget du département (art. L. 3212-1 du CGCT) ;
- de mettre en œuvre toute aide ou action relative à la prévention ou à la prise en charge des situations de fragilité, au développement social, à l'accueil des jeunes enfants et à l'autonomie des personnes (art. L. 3211-1, alinéa 2, du CGCT) ;
- de promouvoir les solidarités et la cohésion territoriale sur le territoire départemental, dans le respect de l'intégrité, de l'autonomie et des attributions des régions et des communes (art. L. 3211-1, alinéa 3, du CGCT) ;
- la création et l'entretien de la voirie départementale (art. L. 3213-3 du CGCT) ;
- la construction, l'entretien et l'équipement des collèges (art. L. 213-2 du code de l'éducation).

B. Le président du conseil départemental

1. L'élection

Le conseil départemental élit son président à la majorité absolue de ses membres pour une durée de six ans (art. L. 3122-1 du CGCT).

2. Les compétences

Organe exécutif du département, le président du conseil départemental prépare et exécute les délibérations du conseil départemental (art. L. 3221-1 du CGCT). Il est notamment :

- l'ordonnateur des dépenses du département (art. L. 3221-2, alinéa 1er, du CGCT) ;
- seul chargé de l'administration (art. L. 3221-3, alinéa 1er, du CGCT) ;
- en charge de la gestion du domaine du département (art. L. 3221-4 du CGCT).

III. LA RÉGION

Créées sous la forme d'établissements publics (cf. la loi n° 72-619 du 5 juillet 1972 portant création et organisation des régions), les régions sont devenues des collectivités territoriales à partir de 1982 (cf. la loi n° 82-213 du 2 mars 1982 relative aux droits et libertés des communes, des départements et des régions).

A. La refonte de la carte régionale

1. La loi du 16 janvier 2015

La loi n° 2015-29 du 16 janvier 2015 relative à la délimitation des régions, aux élections régionales et départementales et modifiant le calendrier électoral a procédé à une refonte de la carte régionale. Il s'est agi d'« *améliorer la gouvernance territoriale ainsi que l'efficacité et l'efficience des politiques publiques mises en œuvre dans les territoires* » (exposé des motifs du projet de loi n° 635 relatif à la délimitation des régions, aux élections régionales et départementales et modifiant le calendrier électoral, enregistré à la présidence du Sénat le 18 juin 2014).

2. Les douze régions

Sans préjudice des dispositions applicables aux régions d'outre-mer et à la collectivité territoriale de Corse, les douze régions sont :

- la région « Grand Est » issue du regroupement des régions Alsace, Champagne-Ardenne et Lorraine ;
- la région « Normandie » issue du regroupement des régions Basse-Normandie et Haute-Normandie ;
- la région « Occitanie » issue du regroupement des régions Languedoc-Roussillon et Midi-Pyrénées ;
- la région « Hauts-de-France » issue du regroupement des régions Nord-Pas-de-Calais et Picardie ;
- la région « Auvergne-Rhône-Alpes » issue du regroupement des régions Auvergne et Rhône-Alpes ;

- la région « Nouvelle-Aquitaine » issue du regroupement des régions Aquitaine, Limousin et Poitou-Charentes ;
- la région « Bourgogne-Franche-Comté » issue du regroupement des régions Bourgogne et Franche-Comté ;
- la région « Bretagne » ;
- la région « Centre » ;
- la région « Île-de-France » ;
- la région « Pays de la Loire » ;
- et la région « Provence-Alpes-Côte d'Azur ».

B. Le conseil régional

Les régions sont administrées par un conseil régional élu au suffrage universel direct (art. L. 4131-1 du CGCT).

1. La composition

Les conseillers régionaux sont élus pour six ans (art. L. 336 du code électoral) dans chaque région au scrutin de liste à deux tours (art. L. 338 du code électoral) à la représentation proportionnelle suivant la règle de la plus forte moyenne avec une prime majoritaire. Le nombre de conseillers régionaux varie en fonction de la population de la région.

2. Les compétences

Le conseil régional règle par ses délibérations les affaires de la région dans les domaines de compétences que la loi lui attribue (art. L. 4221-1, alinéa 1er, du CGCT). Il a notamment compétence pour :

- voter le budget de la région (art. L. 4221-2 du CGCT) ;
- promouvoir le développement économique, social, sanitaire, culturel et scientifique de la région, le soutien à l'accès au logement et à l'amélioration de l'habitat, le soutien à la politique de la ville et à la rénovation urbaine et le soutien aux politiques d'éducation et l'aménagement et l'égalité de ses territoires, ainsi que pour assurer la préservation de son identité et la promotion des langues régionales, dans le respect de l'intégrité, de l'autonomie et des attributions des départements et des communes (art. L. 4221-1, alinéa 2, du CGCT) ;
- la construction, l'entretien et l'équipement des lycées (art. L. 214-6 du code de l'éducation).

C. Le président du conseil régional

1. L'élection

Le conseil régional élit son président à la majorité absolue de ses membres pour une durée de six ans (art. L. 4133-1 du CGCT).

2. Les compétences

Organe exécutif de la région, le président du conseil régional prépare et exécute les délibérations du conseil régional (art. L. 4231-1 du CGCT). Il est notamment :

- l'ordonnateur des dépenses de la région (art. L. 4231-2 du CGCT) ;
- seul chargé de l'administration de la région (art. L. 4231-3 du CGCT).

Fiche 9

LES COLLECTIVITÉS TERRITORIALES À STATUT PARTICULIER ET LES COLLECTIVITÉS D'OUTRE-MER

Certaines collectivités ont un statut particulier, tant en métropole qu'outre-mer.

I. LES COLLECTIVITÉS TERRITORIALES À STATUT PARTICULIER EN MÉTROPOLE

A. Paris, Lyon et Marseille

1. L'instauration d'une réelle démocratie locale

Les communes de Paris, Lyon et Marseille sont soumises aux règles applicables aux communes (art. L. 2511-1 du CGCT). Toutefois, le législateur a prévu certains aménagements afin « *d'instaurer une réelle démocratie locale au sein des grandes communes, et de décentraliser [...] la gestion des grandes agglomérations en la confiant à une structure plus proche des administrés* » (rapport n° 90 fait par M. Roger Romani sur le projet de loi relatif à l'organisation administrative de Paris, Marseille, Lyon et des établissements publics de coopération intercommunale, enregistré à la présidence du Sénat le 10 novembre 1982). Ainsi, les communes de Paris, Marseille et Lyon sont respectivement divisées en 20, 16 et 9 arrondissements municipaux (art. L. 2511-3, alinéa 1er, du CGCT). Dans chaque arrondissement ou groupe d'arrondissements, un conseil d'arrondissement est créé (art. L. 2511-4 du CGCT). Ce dernier est composé des conseillers municipaux et des conseillers d'arrondissement élus dans l'arrondissement ou le groupe d'arrondissements (art. L. 2511-8, alinéa 1er, du CGCT). Concernant certaines attributions, ce sont ces conseils d'arrondissement qui règlent les affaires de la commune.

2. Les pouvoirs de police spécifiques du préfet de police de Paris

Dans la commune de Paris, ce n'est pas le maire qui exerce l'essentiel du pouvoir de police municipale, mais le préfet de police (art. L. 2512-13 du CGCT). Le refus de confier « *la responsabilité de l'ordre et de la tranquillité dans la capitale aux autorités locales, qu'elles soient élues ou non [...], s'explique principalement par le fait que Paris est le siège des pouvoirs publics et le centre nerveux du pays: "[...] Que Paris, soit troublé, qu'il y ait une émotion, un désordre, qui oserait affirmer que le reste de la France sera tranquille ?"* » (Olivier Renaudie citant Pierre Waldeck-Rousseau).

B. La Corse

1. Une collectivité territoriale dotée d'un statut particulier

Collectivité territoriale de la République au sens de l'article 72 de la Constitution, la Corse bénéfice d'un statut particulier. Par exemple, l'assemblée de Corse :

- est consultée sur les projets et les propositions de loi ou de décret comportant des dispositions spécifiques à la Corse (art. L. 4422-16, V, du CGCT) ;
- dispose de compétences particulières en matière d'éducation et de culture (art. L. 4424-1 et s. du CGCT).

2. Une future collectivité unique

La loi Notre (n° 2015-991 du 7 août 2015 portant nouvelle organisation territoriale de la République) prévoit qu'à compter du 1er janvier 2018, la Corse constituera une collectivité à statut particulier au sens de l'article 72 de la Constitution, en lieu et place de la collectivité territoriale de Corse et des départements de Corse-du-Sud et de Haute-Corse.

II. LES COLLECTIVITÉS D'OUTRE-MER

A. Les départements et régions d'outre-mer régis par l'article 73 de la Constitution

1. L'identification des départements et régions d'outre-mer

Les départements et régions d'outre-mer (DOM/ROM) régis par l'article 73 de la Constitution sont la Guadeloupe, la Martinique, la Guyane, La Réunion et Mayotte.

2. Le droit applicable

a) Le principe de l'unité juridique

En principe, dans ces DOM/ROM, les lois et règlements sont applicables de plein droit (art. 73, alinéa 1er, de la Constitution).

b) La possible adaptation des lois et règlements

Les lois et règlements peuvent faire l'objet d'adaptations tenant aux caractéristiques et contraintes particulières de ces collectivités (art. 73, alinéa 1er, de la Constitution).

B. Les collectivités d'outre-mer de l'article 74 de la Constitution

1. L'identification des collectivités d'outre-mer de l'article 74 de la Constitution

Les COM régies par l'article 74 de la Constitution sont Saint-Barthélemy, Saint-Martin, Saint-Pierre-et-Miquelon, les îles Wallis et Futuna et la Polynésie française. Elles ont un statut – défini par une loi organique – qui tient compte des intérêts propres de chacune d'elles au sein de la République.

2. Le droit applicable

a) Le principe de spécialité législative

Le statut des COM fixe les conditions dans lesquelles les lois et règlements y sont applicables (art. 74 de la Constitution). Ces collectivités sont généralement soumises au principe dit de « spécialité législative » selon lequel les lois et règlements n'y sont applicables que sur mention expresse du texte en cause (« La présente loi est applicable dans la COM considérée ») ou s'ils y ont été rendus applicables par un texte spécial (« La loi n° ... du... relative à... est applicable dans la COM considérée »).

b) Le principe d'autonomie

Certaines des COM sont dotées de l'autonomie (Saint-Barthélemy, Saint-Martin, Polynésie française) de telle sorte qu'elles peuvent fixer les règles dans des domaines qui, en métropole, relèvent de la loi.

C. Les Terres australes et antarctiques françaises (TAAF) et l'île de Clipperton

La loi détermine le régime législatif et l'organisation particulière des Terres australes et antarctiques françaises (TAAF) ainsi que de l'île de Clipperton (art. 72-3, alinéa 4, de la Constitution).

D. La Nouvelle-Calédonie

La Nouvelle-Calédonie est régie par le titre XIII de la Constitution. De nombreuses compétences de l'État sont transférées aux institutions de la Nouvelle-Calédonie.

Fiche 10

LES ÉTABLISSEMENTS PUBLICS

I. LA DÉFINITION

L'établissement public peut se définir comme une « *personne morale de droit public à vocation spéciale créée par une autre personne publique* » (CE, *Les Établissements publics*, La documentation française, 2010).

A. Une personne morale de droit public

La personnalité morale de droit public est au cœur de la définition. C'est dire qu'en l'absence de cette personnalité morale, la qualification d'établissement public est impossible (CE, 13 novembre 1968, *Mme Veuve Lévy-Abegnoli et autres*). En tant que personne morale de droit public, l'établissement public jouit d'une autonomie juridique et financière. Ainsi, il :

- dispose d'un patrimoine propre ;
- peut édicter des normes dans les domaines relevant de sa compétence et ester en justice.

B. Une personne à vocation spéciale

Le principe de la spécialité des personnes publiques à compétence limitée est un principe général du droit (CE, 4 mars 1938, *Cts Le Clerc*). Il implique qu'un établissement public ne peut remplir que les missions à lui confiées.

C. Une personne créée par une autre personne publique

1. La notion de rattachement à une personne publique

a) Le rattachement comme règle constitutive de la catégorie d'établissements publics

Un établissement public ne peut pas décider de sa création. Il est créé par une autre personne publique à laquelle il demeure rattaché. Le Conseil d'État a d'ailleurs jugé que « *la règle rattachant une catégorie d'établissements publics à une personne publique est au nombre des règles constitutives d'une telle catégorie, lesquelles sont, en vertu de l'article 34 de la Constitution, fixées par la loi* » (CE, 25 octobre 2004, *Asaro et autres*).

b) Les modalités du rattachement

Concrètement, cette personne publique de rattachement peut être :

- l'État – on parle alors d'établissements publics nationaux à l'instar des universités ;
- les collectivités locales – on parle alors d'établissements publics locaux à l'instar des collèges et lycées.

2. La distinction entre la notion de rattachement et le pouvoir de tutelle de l'État

La notion de rattachement à une personne publique ne doit pas être confondue avec la notion de tutelle de l'État. Alors que les établissements publics nationaux sont soumis à la tutelle de l'État qui se présente comme la contrepartie de leur autonomie, les établissements publics locaux bénéficient des règles applicables aux collectivités territoriales en matière de contrôle (déféré préfectoral).

II. LA DISTINCTION ENTRE LES ÉTABLISSEMENTS PUBLICS ADMINISTRATIFS ET LES ÉTABLISSEMENTS PUBLICS INDUSTRIELS ET COMMERCIAUX

Il existe deux grandes catégories d'établissements publics selon la nature de la mission de service public exercée. Certains établissements ont cependant un double visage.

A. Les établissements publics administratifs

Il s'agit d'établissements publics chargés d'une mission de service public administratif. Ils sont en principe soumis au droit administratif. Par exemple, leur personnel même non statutaire a le statut d'agent public « *quel que soit leur emploi* » (TC, 25 mars 1996, *Berkani*).

B. Les établissements publics industriels et commerciaux

Il s'agit d'établissements publics chargés d'une mission de service public industriel et commercial. Ils sont largement soumis au droit privé (TC, 22 janvier 1921, *Société commerciale de l'Ouest africain*).

C. Les établissements publics à double visage

Les établissements publics peuvent exercer des missions de service public administratif et des missions de service public industriel et commercial (TC, 10 février 1949, *Guis*). En cas de litige, la détermination du droit applicable et du juge compétent dépend de la nature de l'activité de service public en cause.

Fiche 11

LES GROUPEMENTS D'INTÉRÊT PUBLIC

I. L'APPARITION ET LE DÉVELOPPEMENT DES GROUPEMENTS D'INTÉRÊT PUBLIC

A. L'apparition des groupements d'intérêt public

C'est le législateur qui a institué les groupements d'intérêt public (GIP) avec l'article 21 de la loi n° 82-610 du 15 juillet 1982 d'orientation et de programmation pour la recherche et le développement technologique de la France. En effet, cet article autorise la constitution des GIP pour l'exercice des activités de recherche ou de développement technologique et la gestion des équipements nécessaires à ces activités.

B. Le développement des groupements d'intérêt public

Ultérieurement, le législateur a autorisé la création des GIP dans de nombreux domaines: gestion locale, coopération internationale, santé publique, insertion professionnelle, relations entre l'administration et les usagers, etc.

II. LA NATURE JURIDIQUE DES GROUPEMENTS D'INTÉRÊT PUBLIC

A. La qualification jurisprudentielle

Le Tribunal des conflits a jugé que « *le législateur a entendu faire des groupements d'intérêt public des personnes publiques soumises à un régime spécifique. [...] Ce dernier se caractérise, sous la seule réserve de l'application par analogie à ces groupements des dispositions de l'article 34 de la Constitution qui fondent la compétence de la loi en matière de création d'établissements publics proprement dits, par une absence de soumission de plein droit de ces groupements aux lois et règlements régissant les établissements publics* » (TC, 14 février 2000, *GIP-HIS c/ Mme Verdier*).

B. La qualification légale

Dans le prolongement de la jurisprudence susvisée, la loi n° 2011-525 du 17 mai 2011 de simplification et d'amélioration de la qualité du droit a défini le GIP comme étant « *une personne morale de droit public dotée de l'autonomie administrative et financière* » (art. 98).

III. LE RÉGIME JURIDIQUE

C'est la loi n° 2011-525 du 17 mai 2011 susvisée qui a doté les GIP d'un régime juridique. Il s'est agi de « *donner une plus grande cohérence à leur création et leur fonctionnement, et d'assurer à ce régime une grande souplesse répondant au caractère volontariste et contractuel de cette structure juridique* » (rapport n° 2095 fait par M. Étienne Blanc, enregistré à la présidence de l'Assemblée nationale le 24 novembre 2009).

A. La constitution d'un groupement d'intérêt public

1. Une convention approuvée par l'État

Le GIP est constitué par convention approuvée par l'État soit entre plusieurs personnes morales de droit public, soit entre l'une ou plusieurs d'entre elles et une ou plusieurs personnes morales de droit privé. Cette convention prévoit notamment l'objet du GIP. Par exemple, la convention constitutive du GIP « EXPOFRANCE 2025 » indique que l'objet du groupement est « *de conduire la candidature de la France à l'organisation de l'exposition universelle de 2025* » (arrêté du 11 juillet 2017).

2. L'exercice d'activités d'intérêt général à but non lucratif

Les personnes qui constituent le GIP sont chargées d'exercer ensemble des activités d'intérêt général à but non lucratif, en mettant en commun les moyens nécessaires à leur exercice.

B. Le fonctionnement d'un groupement d'intérêt public

1. L'administration du groupement d'intérêt public

L'administration du GIP est assurée par l'assemblée générale des membres du groupement (art. 105 de la loi n° 2011-525 du 17 mai 2011 précitée). En particulier, c'est elle qui prend les décisions de modification ou de renouvellement de la convention, de transformation du groupement en une autre structure, ou de dissolution anticipée du groupement (*id.*).

2. Le personnel du groupement d'intérêt public

a) Les différents personnels

Le personnel du groupement est constitué :

- des personnels mis à disposition par ses membres ;
- des agents publics mis à disposition ;
- et des agents contractuels qu'il recrute directement (art. 109 de la loi n° 2011-525 du 17 mai 2011 précitée).

b) Le régime juridique applicable au personnel

Sous réserve des dispositions relatives à la mise à disposition prévues par le statut général de la fonction publique, les personnels du groupement ainsi que son directeur sont soumis, par la convention constitutive, soit à un régime de droit public lorsque le groupement au sein duquel ils exercent assure, à titre principal, la gestion d'une activité de service public administratif, soit au code du travail lorsque le groupement assure, à titre principal, la gestion d'une activité de service public industriel et commercial (art. 109 de la loi n° 2011-525 du 17 mai 2011 précitée).

3. Les contrôles du groupement d'intérêt public

a) Le contrôle de la Cour des comptes ou des chambres régionales des comptes

Les GIP sont soumis au contrôle de la Cour des comptes ou des chambres régionales des comptes (art. 115, alinéa 1er, de la loi n° 2011-525 du 17 mai 2011 précitée).

b) Le contrôle économique et financier de l'État

Les GIP ayant pour membre l'État ou un organisme soumis au contrôle économique et financier de l'État ou au contrôle financier de l'État peuvent être soumis au contrôle économique et financier de l'État (art. 115, alinéa 2, de la loi n° 2011-525 du 17 mai 2011 précitée).

c) Le contrôle des activités et de la gestion du groupement

L'État peut désigner un commissaire du Gouvernement chargé de contrôler les activités et la gestion du groupement, sauf si l'État n'est pas membre de ce dernier (art. 114, alinéa 1er, de la loi n° 2011-525 du 17 mai 2011 précitée).

PARTIE II

L'ACTION ADMINISTRATIVE

TITRE I

LES FINALITÉS DE L'ACTION ADMINISTRATIVE

Fiche 12

LA NOTION DE SERVICE PUBLIC

I. LA DÉFINITION

Faute de définition donnée par le droit positif, le service public est défini par la doctrine comme « *une activité [...] assurée ou assumée par une personne publique en vue d'un intérêt public* » (René Chapus).

A. L'élément organique

1. La prise en charge directe de l'activité de service public

La personne publique peut gérer directement le service public soit en régie – en le prenant elle-même en charge –, soit en créant un organisme spécialisé de droit public – par exemple un établissement public.

2. La prise en charge indirecte de l'activité de service public

L'activité de service public peut être déléguée par la personne publique à une personne privée (CE, 20 décembre 1935, *Éts Vezia* et CE, 13 mai 1938, *Caisse primaire « Aide et protection »*). Dans le silence de la loi, c'est-à-dire lorsque celle-ci n'a pas entendu reconnaître ou exclure l'existence d'un service public, c'est au juge administratif de déterminer si une personne privée gère effectivement une telle activité. Deux hypothèses peuvent être distinguées selon que la personne privée est dotée ou non de prérogatives de puissance publique.

a) L'hypothèse d'une personne privée dotée de prérogatives de puissance publique

Trois conditions doivent être réunies (CE, 28 juin 1963, *Narcy*) :

- la personne privée doit assurer une mission d'intérêt général ;
- sous le contrôle de l'administration ;
- et être dotée de prérogatives de puissance publique.

b) L'hypothèse d'une personne privée non dotée de prérogatives de puissance publique

La condition tirée de la présence de prérogatives de puissance n'est pas systématiquement requise. En effet, même en l'absence de telles prérogatives, « *une personne privée assure une mission de service public lorsque, eu égard à l'intérêt général de son activité, aux conditions de sa création, de son organisation ou de son fonctionnement, aux obligations qui lui sont imposées ainsi qu'aux mesures prises pour vérifier que les objectifs qui lui sont assignés sont atteints, il apparaît que l'administration a entendu lui confier une telle mission* » (CE, 22 février 2007, *APREI*).

B. L'élément matériel

Pour qu'il y ait service public, il faut que l'activité assurée ou assumée par la personne publique réponde à un besoin d'intérêt général. Sont en principe des activités d'intérêt général les « *activités de plus grand service* », c'est-à-dire celles qui « *tendent à satisfaire, le mieux possible, l'intérêt de tiers par rapport à l'organisme qui les exerce* » (René Chapus). Il peut s'agir, par exemple, du maintien de l'ordre public ou de l'organisation de l'enseignement public. En revanche, les « *activités de plus grand profit* » qui visent à « *satisfaire, le mieux possible, l'intérêt [...] financier de l'organisme qui les exerce* » (René Chapus) ne sont pas des activités d'intérêt général sauf lorsqu'elles ont pour but de financer des services publics.

II. LA DISTINCTION ENTRE LE SERVICE PUBLIC ADMINISTRATIF ET LE SERVICE PUBLIC INDUSTRIEL ET COMMERCIAL

La distinction entre les services publics administratifs (SPA) et les services publics industriels et commerciaux (SPIC) revêt une fonction structurante des règles juridiques applicables et permet de déterminer la juridiction compétente en cas de litige.

A. La qualification

Deux hypothèses peuvent être distinguées selon que le législateur a ou non qualifié le service public de SPA ou de SPIC.

1. La qualification légale

Parfois, c'est le législateur qui confère sa qualification à un service public. Tel est le cas, par exemple, de l'article L. 2224-11 du CGCT qui prévoit que « *les services publics d'eau et d'assainissement sont financièrement gérés comme des services à caractère industriel et commercial* ». Cette qualification légale s'impose au juge (TC, 24 avril 1978, *Société Boulangerie de Kourou*).

2. L'absence de qualification légale

En l'absence de qualification légale, et en cas de litige, le juge administratif a recours à un faisceau d'indices afin de qualifier le service public en cause (CE, 16 novembre 1956, *Union syndicale des industries aéronautiques*). Trois indices sont pris en compte par le juge :

- l'objet du service public ;
- l'origine de ses ressources ;
- et les modalités de son organisation et de son fonctionnement.

Si au regard de ces indices le service public se présente comme une entreprise privée, il sera qualifié de SPIC.

B. Les conséquences de la qualification

1. L'application du droit privé aux SPIC

a) Le principe

En principe, le SPIC implique l'application du droit privé et, en cas de litige, la compétence du juge judiciaire. Ainsi :

- les rapports entre le SPIC et ses usagers sont des rapports de droit privé (CE, 13 octobre 1961, *Établissements Campanon-Rey*) ;
- les rapports entre le SPIC et les tiers sont des rapports de droit privé (TC, 11 juillet 1933, *Dame Mélinette*),
- et les agents du SPIC sont des agents de droit privé (CE, 15 décembre 1967, *Level*).

b) Les exceptions

Le SPIC n'exclut pas l'application du droit administratif. Par exemple :

- le directeur (CE, 26 janvier 1923, *de Robert Lafrégeyre*) et le comptable public (CE, 8 mars 1957, *Jalenques de Labeau*) d'un SPIC sont des agents publics ;
- les décisions réglementaires relatives au personnel des SPIC constituent des décisions administratives qui relèvent de la compétence du juge administratif (TC, 15 janvier 1968, *Cie Air France c/ époux Barbier*, à propos de l'interdiction pour les hôtesses de l'air de se marier).

2. L'application du droit administratif aux SPA

a) Le principe

En principe, le SPA implique l'application du droit administratif et, en cas de litige, la compétence du juge administratif.

b) Les exceptions

Le SPA n'exclut pas l'application du droit privé. C'est souvent le cas lorsqu'une personne privée gère le SPA. Par exemple, les rapports entre le SPA géré par une personne privée et les usagers sont en principe des rapports de droit privé.

III. LES SERVICES D'INTÉRÊT ÉCONOMIQUE GÉNÉRAL (SIEG)

A. La notion

1. La distinction entre les services d'intérêt économique général et les services non économiques d'intérêt général

Au sein des services d'intérêt général (SIG), certains seulement développent des activités économiques. Il s'agit des services d'intérêt économique général (SIEG). L'article 36 de la Charte des droits fondamentaux de l'Union européenne confère une dimension symbolique au rôle des SIEG : « *L'Union reconnaît et respecte l'accès aux services d'intérêt économique [...] afin de promouvoir la cohésion sociale et territoriale de l'Union.* »

2. La définition des activités économiques

Les activités économiques se définissent comme les activités à « *caractère industriel ou commercial consistant à offrir des biens et des services sur le marché* » (CJCE, 16 juin 1987, *Commission des communautés européennes contre République italienne*).

B. L'application du droit de la concurrence

1. Les textes

a) En droit de l'Union européenne

Le paragraphe 2 de l'article 106 du traité sur le fonctionnement de l'Union européenne stipule que « *les entreprises chargées de la gestion de services d'intérêt économique général [...] sont soumises aux règles des traités, notamment aux règles de concurrence, dans les limites où l'application de ces règles ne fait pas échec à l'accomplissement en droit ou en fait de la mission particulière qui leur a été impartie* ».

b) En droit interne

Selon l'article L. 410-1 du code de commerce, les règles relatives à la liberté des prix et de la concurrence « *s'appliquent à toutes les activités de production, de distribution et de services, y compris celles qui sont le fait de personnes publiques, notamment dans le cadre de conventions de délégation de service public* ».

2. Le champ d'application

a) Le principe

Les activités économiques sont soumises au droit de la concurrence de telle sorte que si l'exercice d'une mission de service public conduit à intervenir sur un marché ou à prendre en charge une activité économique, les règles du droit de la concurrence s'appliquent (CE, 3 novembre 1997, *Sté Million et Marais*). En revanche, les activités non économiques des services publics – soit essentiellement les activités des SPA – ne sont pas soumises au droit de la concurrence. Tel est le cas, par exemple, du maintien et de l'amélioration de la sécurité de la navigation aérienne (CJCE, 19 janvier 1994, *Eurocontrol*).

b) Les restrictions possibles aux règles de la concurrence

La jurisprudence de la CJUE admet :

- les compensations des contraintes pesant sur les activités de service public, soit, par exemple, des compensations financières (CJCE, 24 juillet 2003, *Altmark*) ;
- l'attribution de droits exclusifs à des entreprises en charge de la gestion de SIEG (pour les postes belges et une entreprise néerlandaise de production d'électricité, voir respectivement CJCE, 19 mai 1993, *Corbeau* et CJCE, 27 avril 1994, *Commune d'Almelo*).

Fiche 13

LA CRÉATION ET LA SUPPRESSION DES SERVICES PUBLICS

I. LES AUTORITÉS COMPÉTENTES

A. Au niveau national

1. Le principe : la compétence du pouvoir réglementaire

En principe, « *il appartient au pouvoir réglementaire de fixer les modalités de l'organisation d'un service public de l'État* » en vertu de l'article 37 de la Constitution (CE, 17 décembre 1997, *Ordre des avocats à la cour de Paris*).

2. L'exception : la compétence du législateur

Si la création d'un service public conduit à porter atteinte aux matières réservées à la loi en vertu de l'article 34 de la Constitution, c'est le législateur qui doit intervenir. C'est le cas, par exemple, lorsque la création du service public s'accompagne de la création d'une nouvelle catégorie d'établissement public.

B. Au niveau local

La compétence pour créer et supprimer des services publics locaux appartient à l'organe délibérant de chaque collectivité territoriale (CE, 6 janvier 1995, *Ville de Paris*). C'est également cet organe délibérant qui en fixe les règles générales d'organisation. En revanche, l'exécutif de chaque collectivité territoriale est compétent pour prendre les mesures relatives à l'organisation interne des services publics locaux et à la gestion de leurs agents (*id.*).

II. L'EXERCICE DU POUVOIR DE CRÉATION ET DE SUPPRESSION DES SERVICES PUBLICS

A. Les services publics obligatoires

Certains services publics sont imposés par un texte.

1. Les services publics exigés par la Constitution

Sont des services publics exigés par la Constitution les services publics régaliens, soit la force publique (art. 12 de la Déclaration du 26 août 1789), la diplomatie (art. 14 et 52 de la Constitution), la défense nationale (art. 15, 20, 21 et 34 de la Constitution), la justice (art. 64 à 66 de la Constitution), l'enseignement public (alinéa 13 du Préambule de la Constitution de 1946), ou encore la Sécurité sociale (art. 34 et 47-1 de la Constitution).

2. Les services publics exigés par les conventions internationales

Le droit international impose parfois la création de services publics. Tel est le cas :

- du service public de la navigation aérienne (art. 22 et s. de la convention de Chicago relative à l'aviation civile internationale de 1944) ;
- ou du service public de la protection juridique et administrative des réfugiés assuré par l'Office français pour la protection des réfugiés et apatrides (convention de Genève du 28 juillet 1951 relative au statut des réfugiés et convention de New York du 28 septembre 1954 relative au statut des apatrides).

3. Les services publics exigés par la loi

La loi peut imposer la création de services publics. Par exemple, c'est le cas de la collecte et du traitement des déchets des ménages que doivent assurer les communes ou les EPCI (art. L. 2224-13 du CGCT).

B. Les services publics facultatifs

1. Le principe de la libre création et suppression des services publics

a) La libre création des services publics

En dehors de l'hypothèse des services publics obligatoires, « *la détermination des [...] activités qui doivent être érigées en service public national est laissée à l'appréciation du législateur ou de l'autorité réglementaire selon les cas* » (Cons. const., décision n° 86-207 DC du 26 juin 1986, *Loi autorisant le Gouvernement à prendre diverses mesures d'ordre économique et social*).

b) La libre suppression des services publics

Les usagers des services publics n'ont aucun droit au maintien de ces services (CE, 27 janvier 1961, *Vannier*).

2. Les limites à la libre création des services publics

a) Les limites aux nationalisations

« *L'appréciation portée par le législateur sur la nécessité des nationalisations décidées par la loi [...] ne saurait, en l'absence d'erreur manifeste, être récusée par [le Conseil constitutionnel] dès lors qu'il n'est pas établi que les transferts de biens et d'entreprises [...] opérés restreindraient le champ de la propriété privée et de la liberté d'entreprendre au point de méconnaître [...] la Déclaration de 1789* » (Cons. const., décision n° 81-132 DC du 16 janvier 1982, Loi de nationalisation).

b) Les limites à la création d'un service public par l'administration

La création d'un service public dans un domaine réservé à l'initiative privée est possible dans le respect tant de la liberté du commerce et de l'industrie que du droit de la concurrence (CE, 30 mai 1930, *Commerce en détail de Nevers* et CE, 31 mai 2006, *Ordre des avocats au barreau de Paris*). En particulier, cette création doit être justifiée par un intérêt public, lequel peut résulter notamment de la carence de l'initiative privée.

Fiche 14

LES MODES DE GESTION DU SERVICE PUBLIC

Le service public peut être assuré soit par une personne publique soit par une personne privée. L'administration dispose ici d'une grande liberté de choix, « *sous réserve toutefois que le service ne soit pas au nombre de ceux qui, par leur nature ou par la volonté du législateur, ne peuvent être assurés que par la collectivité [publique] elle-même* » (CE, avis section de l'intérieur, 7 octobre 1986). Par exemple, l'exercice de la police administrative ne peut être délégué (CE, 17 juin 1932, *Ville de Castelnaudary*).

I. LA GESTION ASSURÉE PAR UNE PERSONNE PUBLIQUE

A. La régie

1. La définition

a) Le critère : l'exploitation directe du service par la collectivité responsable

Dans le cadre de la régie, la collectivité publique – l'État ou les collectivités territoriales – gère seule le service public avec ses propres moyens financiers, humains et matériels. En d'autres termes, le service en régie n'est pas doté d'une personnalité juridique propre distincte de celle de la collectivité publique responsable dudit service. C'est dire que cette collectivité publique a une totale maîtrise du service public.

b) La distinction entre la régie et la régie intéressée

La régie intéressée n'est pas une régie puisqu'elle désigne un type de contrats de délégation de service public.

2. Le champ d'application

La régie peut être utilisée pour la gestion tant des services publics administratifs que des services publics industriels et commerciaux. En ce sens, l'article L. 2221-1 du code général des collectivités territoriales (CGCT) autorise les communes et les syndicats de communes à « *exploiter directement des services d'intérêt public à caractère industriel ou commercial* ».

B. La création d'une personne publique chargée de la gestion du service public

1. L'établissement public

La gestion du service public peut être confiée à un établissement public qui est une personne morale de droit public. Cette-ci est dotée d'une autonomie juridique et financière et dispose également de prérogatives de puissance publique lui permettant notamment de recourir à l'expropriation (CE, 17 mars 1972, *Ministre de la santé publique et de la Sécurité sociale c/ Sieur Levesque*) ou de disposer d'un domaine public propre (art. L. 2111-1 du CG3P). La création d'un établissement public pour la gestion d'une activité de service public peut s'avérer utile lorsque cette activité est trop lourde pour être gérée en régie.

2. Le groupement d'intérêt public

La gestion du service public peut être confiée à un groupement d'intérêt public (GIP). Dotés de la personnalité morale et de l'autonomie financière, les GIP ont pour objet de permettre l'association d'une ou plusieurs personnes morales de droit public ou de droit privé pour l'exercice en commun, pendant une durée déterminée, d'activités d'intérêt général à but non lucratif, en mettant en commun les moyens nécessaires à leur exercice.

3. Les autres personnes publiques *sui generis*

D'autres personnes publiques s*ui generis* peuvent se voir confier la gestion d'un service public. Tel est le cas, par exemple, de la Banque de France qui constitue « *une personne publique chargée par la loi de missions de service public qui, ayant principalement pour objet la mise en œuvre de la politique monétaire, le bon fonctionnement des systèmes de compensation et de paiement et la stabilité du système bancaire, sont pour l'essentiel de nature administrative* » (CE, 22 mars 2000, *Syndicat autonome de la Banque de France*).

II. LA GESTION ASSURÉE PAR UNE PERSONNE PRIVÉE

A. La notion de délégation de service public

Une personne privée peut être chargée d'une mission de service public en dehors (CE, 13 mai 1938, *Caisse primaire « Aide et protection »*) ou en vertu d'un contrat de délégation de service public conclu avec une personne publique (CE, 10 janvier 1902, *Compagnie nouvelle du gaz de Deville-lès-Rouen*). En particulier, la délégation de service public est un contrat « *conclu par écrit, par lequel une autorité délégante confie la gestion d'un service public à un ou plusieurs opérateurs économiques, à qui est transféré un risque lié à l'exploitation du service, en contrepartie soit du droit d'exploiter le service qui fait l'objet du contrat, soit de ce droit assorti d'un prix. La part de risque transférée au délégataire implique une réelle exposition aux aléas du marché, de sorte que toute perte potentielle supportée par le délégataire ne doit pas être purement nominale ou négligeable* » (art. L. 1411-1 du CGCT).

B. Le respect des principes fondamentaux de la commande publique

En tant que contrat de concession, la délégation de service public doit respecter les principes de liberté d'accès à la commande publique, d'égalité de traitement des candidats et de transparence des procédures.

Ces principes permettent d'assurer l'efficacité de la commande publique et la bonne utilisation des deniers publics (art. 1er, I, de l'ordonnance n° 2016-65 du 29 janvier 2016 relative aux contrats de concession).

Fiche 15

LES « LOIS » DU SERVICE PUBLIC

Les « lois » du service public ou « lois de Rolland » – du nom du professeur Louis Rolland qui les a systématisées à la fin des années 1930 – sont des principes qui régissent le fonctionnement de l'ensemble des services publics.

I. LE PRINCIPE DE CONTINUITÉ

A. La consistance

Faisant écho aux dispositions de l'article 5 de la Constitution selon lequel « *le président de la République [...] assure, par son arbitrage, le fonctionnement régulier des pouvoirs publics ainsi que la continuité de l'État* », le principe de continuité du service public impose un fonctionnement régulier du service « *à toute époque* », y compris en période de guerre (CE, 28 juin 1918, *Heyriès*). Il n'implique pas nécessairement un fonctionnement permanent du service public.

B. La valeur juridique

Le principe de continuité du service public constitue :

- un principe fondamental pour le Conseil d'État (CE, 13 juin 1980, *Dame Bonjean*) ;
- et un principe de valeur constitutionnelle pour le Conseil constitutionnel (Cons. const., décision n° 79-105 DC du 25 juillet 1979, *Continuité du service public de la radio-télévision*).

C. La portée

Les implications du principe de continuité du service public sont nombreuses. En particulier, il justifie les limitations (CE, 7 juillet 1950, *Dehaene*) ou interdictions du droit de grève. Ces interdictions concernent les « *agents dont la présence est indispensable pour assurer le fonctionnement des éléments du service dont l'interruption porterait atteinte aux besoins essentiels du pays* » (Cons. const., décision n° 79-105 DC du 25 juillet 1979 précitée). Par exemple, la loi interdit aux fonctionnaires actifs de la police nationale l'exercice du droit de grève (art. L. 411-4 du code de la sécurité intérieure).

II. LE PRINCIPE D'ÉGALITÉ

A. La valeur juridique

Le principe d'égalité devant le service public est le corollaire du principe d'égalité devant la loi, lequel est consacré par les articles 1er et 6 de la Déclaration des droits de l'homme et du citoyen du 26 août 1789. Il constitue un principe général du droit (CE, 9 mars 1951, *Société des concerts du Conservatoire*).

B. La portée

1. L'interdiction des discriminations

a) Le principe

Le principe d'égalité devant le service public implique notamment l'égalité entre les usagers du service (CE, 1er avril 1938, *Sté L'alcool dénaturé de Coubert*). En particulier, les discriminations tarifaires sont illégales (CE, 26 avril 1985, *Ville de Tarbes*).

b) Les exceptions

Le principe d'égalité n'interdit pas de traiter différemment des situations différentes ou de déroger à l'égalité pour des raisons d'intérêt général en rapport avec les conditions d'exploitation du service (voir, par exemple, CE, 10 mai 1974, *Denoyez et Chorques* à propos de la fixation des tarifs du service de bacs reliant La Pallice à Sablanceaux). L'exploitant du service public n'est cependant pas tenu de traiter de manière différente des situations différentes (CE, 28 mars 1997, *Sté Baxter*).

2. Le principe de neutralité

Le principe d'égalité a pour corollaire le principe de neutralité du service public. Ce dernier prohibe les discriminations entre les agents ou les usagers fondées sur des considérations religieuses, politiques, philosophiques, ethniques, etc.

a) L'application du principe de neutralité à l'égard des agents du service public

Le principe de neutralité interdit :

- d'écarter d'un concours des candidats en raison de leurs opinions politiques (CE, 28 mai 1954, *Barel*) ;
- aux agents de manifester leurs croyances religieuses dans le cadre du service public (CE avis, 3 mai 2000, *Demoiselle Marteaux* et CEDH, 26 novembre 2015, *Ebrahimian c/ France* à propos d'une assistante sociale dans un service psychiatrique d'un hôpital ayant refusé d'enlever son voile).

b) L'application du principe de neutralité à l'égard des usagers du service public

En principe, les usagers du service public sont libres de manifester leurs convictions. « *Le service public doit être neutre envers l'usager et non l'usager envers le service* » (Caroline Boyer-Capelle). Toutefois, certaines restrictions sont parfois prévues. Aussi, dans les écoles, les collèges et les lycées publics, la loi interdit-elle le port de signes ou tenues par lesquels les élèves manifestent ostensiblement une appartenance religieuse (art. L. 141-5-1 du code de l'éducation).

III. LE PRINCIPE DE MUTABILITÉ

Le principe de mutabilité ou d'adaptabilité suppose l'adaptation du service public aux impératifs d'intérêt général. Il permet à l'administration de modifier l'organisation d'un service public (CE, 10 janvier 1902, *Compagnie nouvelle du gaz de Deville-lès-Rouen*) ou, le cas échéant, de le supprimer (CE, 27 janvier 1961, *Vannier*).

LA NOTION DE POLICE ADMINISTRATIVE

Il faut distinguer, d'une part, la police administrative de la police judiciaire et, d'autre part, la police administrative générale de la police administrative spéciale.

I. LA DISTINCTION ENTRE LA POLICE ADMINISTRATIVE ET LA POLICE JUDICIAIRE

La distinction détermine tout à la fois les règles juridiques applicables (droit administratif ou droit pénal et procédure pénale) et la compétence contentieuse en cas de litige: le contentieux de la police administrative relève du juge administratif alors que celui de la police judiciaire appartient au juge judiciaire.

A. Le critère-référent: le critère finaliste

1. La consécration du critère

C'est au regard de leur finalité que les polices administrative et judiciaire se distinguent. Ce critère tiré du but de l'opération de police a été explicitement consacré par les jurisprudences administrative et judiciaire dès le début de la seconde moitié du XXe siècle (CE, 11 mai 1951, *Baud*; CE, 18 mai 1951, *Dame veuve Moulis*; TC, 7 juin 1951, *Dame Noualek,* et Cass., 2e ch. civ., 23 novembre 1956, *Giry*).

2. L'application du critère

a) Le but de la police administrative

La police administrative a pour but une mission de contrôle ou de surveillance générale.

b) Le but de la police judiciaire

La police judiciaire a pour but de constater les infractions à la loi pénale, d'en rassembler les preuves et d'en rechercher les auteurs. Une précision est à formuler: si, pour la détermination de la nature judiciaire d'une opération de police, l'élément infractionnel est toujours présent, en revanche il n'est pas nécessaire que l'infraction ait été commise. Seule l'intention de l'agent importe (TC, 15 janvier 1968, *Sieur Tayeb* à propos d'un officier de police qui fait usage de son arme pour immobiliser une personne qu'il croit être un délinquant).

B. La mutabilité des opérations de police

Une opération de police peut, à un moment déterminé, changer de nature.

1. Les hypothèses fréquentes

Le plus souvent, une opération de police judiciaire peut succéder à une opération de police administrative (en ce sens, v. TC, 5 décembre 1977, *Demoiselle Motsch* à propos d'un conducteur qui refuse de s'arrêter à un barrage de police – opération de police administrative – et commet plusieurs infractions au code de la route avant d'être arrêté – opération de police judiciaire). La survenue de l'élément infractionnel ne suffit pas toujours à imprimer une coloration judiciaire à l'opération de police considérée. Par exemple, le Tribunal des conflits dans un arrêt *Sté « Le Profil »* du 12 juin 1978 a admis la continuité de la mission de police administrative correspondant à la sécurisation d'une opération de transport de fonds nonobstant l'irruption des malfaiteurs et le vol des fonds transportés. Il s'est alors agi d'éviter un éclatement du contentieux.

2. Les hypothèses rares

Plus rarement, une opération de police administrative peut prendre le relais d'une opération de police judiciaire. Tel est le cas de la mise en fourrière d'un véhicule. L'enlèvement du véhicule relève de la police judiciaire (CE, 13 janvier 1992, *Grasset*). Une fois le véhicule mis en fourrière, l'opération de garde devient une opération de police administrative de sorte que seul le juge administratif est compétent pour réparer les dommages survenus pendant cette période (CE, 5 avril 1991, *Sté européenne de location et de services*).

C. La remise en cause de la distinction

1. La « judiciarisation » de la police administrative

En principe limitée à la sauvegarde de l'ordre public, la police administrative s'est ouverte à la prévention des infractions pénales (Cons. const., décision n° 2005-532 DC du 19 janvier 2006, *Loi relative à la lutte contre le terrorisme*, et CE, ord., 9 janvier 2014, *M. Dieudonné M'Bala M'Bala*). Il s'agit là d'une « judiciarisation » contestable de la police administrative. En effet, la prévention des infractions peut parfaitement être poursuivie dans un cadre de police judiciaire. En ce sens, le simple fait de projeter une infraction terroriste suffit à permettre la mobilisation de dispositifs de police judiciaire destinés à prévenir sa commission. Tout dispositif policier tendant à prévenir des infractions ne peut donc pas être qualifié, *ipso facto*, de mesure de police administrative.

2. L'« administrativisation » de la police judiciaire

En principe, la police judiciaire, véritable antichambre de la répression, est conditionnée par la recherche d'une infraction pénale. Pourtant, la police judiciaire permet également d'exercer des contrôles généralisés dans des espaces donnés en l'absence de tout indice laissant présumer qu'une infraction a été ou va être commise. Dès lors, le lien avec l'élément infractionnel est pour le moins ténu : il réside dans « *le "climat infractionnel" qui déclenche l'opération* » (Étienne Picard). Tel est le cas notamment des contrôles d'alcoolémie « dits aléatoires ou préventifs », des visites sommaires des véhicules dans les zones frontalières ainsi que des contrôles d'identité et visites des véhicules effectués sur réquisition du procureur de la République.

II. LA DISTINCTION ENTRE LA POLICE ADMINISTRATIVE GÉNÉRALE ET LA POLICE ADMINISTRATIVE SPÉCIALE

A. La police administrative générale

La police administrative générale a pour but la sauvegarde de l'ordre public.

1. Les trois composantes traditionnelles de l'ordre public

Les composantes traditionnelles de l'ordre public figurent à l'article L. 2212-2 du CGCT, qui reprend en substance les dispositions de l'article 97 de la loi municipale du 5 avril 1884. Il s'agit de:

- la sécurité publique, c'est-à-dire la prévention des atteintes à la sécurité des personnes et des biens;
- la tranquillité publique que peuvent perturber, par exemple, les attroupements, les bruits, les troubles de voisinage ou les rassemblements nocturnes qui troublent le repos des habitants;
- et la salubrité publique, c'est-à-dire la préservation de l'hygiène et de la santé publiques.

Cette trilogie classique traduit une conception concrète ou matérielle de l'ordre public, soit « *l'ordre matériel et extérieur* » selon l'expression du doyen Maurice Hauriou.

2. Les extensions jurisprudentielles de la notion d'ordre public

a) La moralité publique

Depuis le début du xxe siècle, il est admis que la moralité publique peut fonder des mesures de police administrative. Par exemple, a été jugée légale l'interdiction:

- des combats de boxe, considérés comme ayant « *un caractère brutal et parfois sauvage* » (CE, 7 nov. 1924, *Club indépendant sportif châlonnais*);
- faite aux baigneurs de se déshabiller sur la plage et de circuler en costume de bain, afin d'« *assurer le maintien du bon ordre et de la décence* » (CE, 30 mai 1930, *Beaugé*);
- de la projection d'un film « *en raison du caractère immoral dudit film et de circonstances locales préjudiciables à l'ordre public* » (CE, 18 décembre 1959, *Soc. Les Films Lutétia*).

b) La dignité de la personne humaine

Alors que pour le Conseil constitutionnel la dignité de la personne humaine bénéficie d'un ancrage spécifique au sein du Préambule de la Constitution du 27 octobre 1946 (Cons. const., décision « *Bioéthique* » n° 94-343/344 DC du 27 juillet 1994), le juge administratif considère que « *le respect de la dignité [...] est une des composantes de l'ordre public* » (CE, 27 octobre 1995, *Commune de Morsang-sur-Orge* et *Ville d'Aix-en-Provence*). Dès lors, des maires ont pu, « *même en l'absence de circonstances locales particulières* », interdire l'attraction de « lancer de nains » qui portait atteinte au respect de la dignité de la personne humaine. Plus récemment, le préfet a pu interdire la représentation à Nantes du spectacle « Le mur » compte tenu du risque sérieux que soient de nouveau portées de graves atteintes à la dignité de la personne humaine (CE, ord., 9 janvier 2014, *M. Dieudonné M'Bala M'Bala*).

Toutefois, le juge administratif repousse toute tentation de recours abusif à la dignité humaine. Aussi a-t-il jugé que :

- l'exposition dans la vitrine d'une boulangerie de deux figurines en chocolat noir prenant la forme de deux personnes de couleur représentées dans des attitudes grotesques et obscènes ne peut pas être considérée comme portant atteinte à la dignité de la personne humaine (CE, ord., 16 avril 2015, Société Grasse Boulange) ;
- l'installation dans plusieurs espaces publics de panneaux, dont certains représentent des silhouettes de femmes, à différents âges de la vie et dans différentes attitudes, ne peut être regardée comme portant au droit au respect de la dignité humaine une atteinte grave et manifestement illégale de nature à justifier l'intervention du juge du référé-liberté (CE, ord., 1er septembre 2017, Commune de Dannemarie c/ Association « Les Effronté-e-s »).

B. La police administrative spéciale

La police administrative spéciale se caractérise généralement par :

- l'existence de textes instituant des régimes spécifiques à l'instar de l'article L. 511-1 du code de la construction et de l'habitation qui autorise le maire à prendre un arrêté de péril prescrivant la démolition d'un immeuble lorsque ce dernier menace de s'effondrer ;
- la poursuite de buts variés qui peuvent donc être forts différents de ceux de la police administrative générale, soit la protection de l'esthétique ou du gibier ;
- le fait qu'elle s'applique à certaines catégories d'administrés – les gens du voyage par exemple – ou à certaines activités – police des armes et munitions, police des jeux de hasard, casinos et loteries, fermeture administrative des débits de boissons et restaurants, etc. ;
- le fait que les autorités de police administrative spéciale ne sont pas forcément titulaires du pouvoir de police administrative générale.

Fiche 17

LES AUTORITÉS DE POLICE ADMINISTRATIVE

I. LES AUTORITÉS DE POLICE GÉNÉRALE ET LES AUTORITÉS DE POLICES SPÉCIALES

La répartition des compétences en matière de police administrative est dictée par l'organisation administrative française, et, en particulier, par la coexistence de l'État, des départements et des communes.

A. Les autorités de police générale

1. Le Premier ministre

a) Sous la IIIe République

Sous la IIIe République, le chef de l'État, titulaire du pouvoir réglementaire général, disposait d'un pouvoir de police propre sur l'ensemble du territoire. En effet, dans son arrêt *Labonne* du 8 août 1919, le Conseil d'État a jugé qu'« *il appartient au chef de l'État, en dehors de toute délégation législative et en vertu de ses pouvoirs propres, de déterminer celles des mesures de police qui doivent en tout état de cause être appliquées dans l'ensemble du territoire* ».

b) Sous la Ve République

Avec l'avènement de la Ve République, cette jurisprudence s'est maintenue. Il reste qu'en vertu du premier alinéa de l'article 21 de la Constitution du 4 octobre 1958, c'est le Premier ministre qui exerce le pouvoir réglementaire sous réserve des dispositions de l'article 13. Ainsi, tant le Conseil d'État (CE, 17 février 1978, *Association Comité pour léguer l'esprit de la Résistance (CLER)*) que le Conseil constitutionnel (Cons. const., décision n° 87-149 L du 20 février 1987) considèrent désormais que c'est le chef du Gouvernement qui dispose des attributions de police générale. Par exemple, le Premier ministre peut adopter par voie réglementaire les mesures propres à assurer la sécurité des personnes sur les autoroutes et les ouvrages d'art concédés du réseau routier national (CE, 25 septembre 2013, *Société Rapidépannage 62*).

2. Les autorités locales

Au niveau des départements et des communes, la répartition des compétences est organisée entre les préfets et les maires.

a) Le préfet

Au niveau départemental, le préfet est l'autorité de police générale. Il peut :

- prendre les mesures de police administrative générale dont le champ d'application excède le territoire d'une commune ;

- se substituer aux autorités municipales défaillantes en prenant toutes mesures relatives au maintien de la salubrité, de la sûreté et de la tranquillité publiques;

- en cas de menace à l'ordre public se substituer aux maires de deux ou plusieurs communes limitrophes pour l'exercice de certains pouvoirs de police comme le maintien du bon ordre dans les foires et marchés;

- dans certaines conditions – *primo*, urgence; *secundo*, atteinte constatée ou prévisible au bon ordre, à la salubrité, à la tranquillité et à la sécurité publiques, et *tertio* insuffisance des moyens de police –, réquisitionner tout bien ou service, requérir toute personne nécessaire au fonctionnement de ce service ou à l'usage de ce bien et prescrire toute mesure utile jusqu'à ce que l'atteinte à l'ordre public ait pris fin ou que les conditions de son maintien soient assurées.

Dans les communes où la police est étatisée, le soin de réprimer les atteintes à la tranquillité publique à l'exception des troubles de voisinage incombe aux préfets et non aux maires. Il en va également ainsi du maintien de l'ordre relatif aux grands rassemblements occasionnels d'individus.

Sur le plan opérationnel, le représentant de l'État dans le département ou, à Paris, le préfet de police, coordonne l'action des différents services et forces dont dispose l'État en matière de sécurité intérieure (art. L. 122-1, alinéa 2, du code de la sécurité intérieure). Il est aussi chargé de diriger les services de la police nationale et les unités de la gendarmerie nationale en matière d'ordre public et de police administrative (art. L. 122-1, alinéa 3, du code de la sécurité intérieure).

b) Le maire

Au niveau communal, c'est le maire qui détient le pouvoir de police municipale afin « *d'assurer le bon ordre, la sûreté, la sécurité et la salubrité publiques* » (art. L. 2212-2, alinéa 1er, du CGCT). Il agit alors au nom de la commune. Il dirige les agents de police municipale qui sont chargés d'exécuter les tâches à eux confiées en matière de prévention et de surveillance du bon ordre, de la tranquillité, de la sécurité et de la salubrité publique. Il est également le supérieur hiérarchique des gardes champêtres qui concourent à la police des campagnes. Par ailleurs, sous l'autorité du représentant de l'État dans le département, le maire agit au nom de l'État pour assurer l'exécution des mesures de sûreté générale (art. L. 2122-27, 2° du CGCT).

Dans la commune de Paris, les compétences de police sont partagées entre le préfet de police qui exerce l'essentiel du pouvoir de police et le maire de Paris.

B. Les autorités de polices spéciales

Elles sont très nombreuses. Par exemple,

- au niveau national, le ministre de l'Intérieur est chargé de la police des étrangers;

- au niveau départemental, le président du conseil départemental exerce les pouvoirs de police de la circulation sur le domaine départemental – sous réserve des attributions dévolues aux maires et au représentant de l'État dans le département – et le préfet est chargé de la police de la chasse ou de la pêche;

- au niveau communal, le maire délivre les permis de construire et le président d'un EPCI peut se voir confier la police de la circulation et du stationnement.

II. LES CONCOURS DE POLICES

A. Les concours de polices générales

L'intervention d'une autorité de police supérieure n'interdit pas une autorité de police inférieure de prendre des mesures de police complémentaires applicables dans son ressort territorial (CE, 18 avril 1902, *Commune de Néris-les-Bains* et CE, 8 août 1919, *Labonne*). Ces mesures doivent cependant:

- être «*plus rigoureuses*» (CE, 18 avril 1902, préc.), c'est-à-dire qu'elles doivent aggraver les mesures prises par l'autorité supérieure;
- et être justifiées par des circonstances locales.

B. Les concours entre la police générale et la police spéciale

1. La poursuite de buts différents

Lorsque les polices générale et spéciale poursuivent des buts différents, les deux polices sont juxtaposées. La police spéciale n'exclut pas la police générale. Tel est le cas de la police spéciale en matière de contrôle des installations d'assainissement non collectif confiée au maire qui n'interdit pas à ce dernier d'exercer ses pouvoirs de police générale en vue de faire cesser les pollutions de toute nature (CE, 27 juillet 2015, *Commune d'Hébuterne*).

2. La poursuite de buts identiques

a) Le principe

En principe, lorsque les polices générale et spéciale poursuivent des finalités identiques, la police spéciale est d'application exclusive et évince ainsi la police générale (CE, 20 juillet 1935, *Établissements Satan*). C'est le cas, par exemple, de la police spéciale des communications électroniques confiée à l'État qui interdit au maire d'adopter sur le territoire de sa commune une réglementation portant sur l'implantation des antennes relais de téléphonie mobile et destinée à protéger le public contre les effets des ondes émises par ces antennes (CE, 6 octobre 2011, *Commune de Saint-Denis*).

b) Les aménagements

Ce principe d'exclusivité connaît quelques tempéraments. En particulier, la police générale peut trouver à s'appliquer en cas de péril imminent. Par exemple, le fait pour une société de sécurité privée d'un magasin de disposer d'armes alors que des troubles d'une exceptionnelle gravité se sont produits autour de ce magasin autorise le préfet à suspendre – sur le fondement de ses pouvoirs de police générale – l'autorisation administrative dont bénéficiait cette société (CE, 6 janvier 1997, *Société AS Conseil formation*).

c) Le cas de l'intervention concurrente des polices générale et spéciale

Dans de rares hypothèses, la jurisprudence administrative a admis l'intervention concurrente des polices générale et spéciale (CE, 18 décembre 1959, *Soc. Les Films Lutétia*). En ce sens, le Conseil d'État a jugé « *qu'un maire, responsable du maintien de l'ordre dans sa commune, peut [...] interdire sur le territoire de celle-ci la représentation d'un film auquel le visa ministériel d'exploitation a été accordé mais dont la projection est susceptible d'entraîner des troubles sérieux ou d'être, à raison du caractère immoral dudit film et de circonstances locales, préjudiciables à l'ordre public* ».

C. Les concours de polices spéciales

Ces concours sont exceptionnels. Dans ces hypothèses, chaque autorité de police doit intervenir dans sa sphère de compétence.

Fiche 18

L'EXERCICE DU POUVOIR DE POLICE ADMINISTRATIVE

I. L'INTERDICTION DE PRIVATISER LA POLICE ADMINISTRATIVE

A. Une interdiction apparue dans la jurisprudence administrative

Dans son arrêt *Ville de Castelnaudary* du 17 juin 1932, le Conseil d'État a posé le principe selon lequel le pouvoir de police administrative ne peut pas se déléguer. Par exemple, sont entachées d'illégalité et doivent être annulées, les stipulations contractuelles par lesquelles une collectivité territoriale charge son cocontractant personne privée du soin :

- d'assurer l'ordre public sur une plage (CE, 23 mai 1958, *Consorts Amoudruz*) ;
- d'assurer une mission de surveillance des voies publiques (CE, 29 décembre 1997, *Commune d'Ostricourt*),
- et d'intervenir en cas de nécessité sur les bassins et les pelouses du centre nautique de la communauté de communes (CAA LYON, 7 mai 2003, *Communauté de communes des vallons du Lyonnais*).

B. Une interdiction relayée par la jurisprudence constitutionnelle

L'interdiction de confier le pouvoir de police administrative à une personne privée s'impose non seulement à l'administration mais aussi au législateur lorsqu'il intervient pour fixer les règles concernant les garanties fondamentales accordées aux citoyens pour l'exercice des libertés publiques (art. 34 de la Constitution). Elle repose sur l'article 12 de la Déclaration des droits de l'homme et du citoyen du 26 août 1789. Ainsi, le Conseil constitutionnel juge que les dispositions législatives rendant « *possible la délégation à une personne privée des compétences de police administrative générale inhérentes à l'exercice de la "force publique" nécessaire à la garantie des droits* » sont contraires à la Constitution (Cons. const., décision n° 2011-625 DC du 10 mars 2011 dite « LOPPSI »).

II. L'OBLIGATION DE PRENDRE DES MESURES DE POLICE ADMINISTRATIVE

L'administration peut se trouver obligée d'intervenir ; à défaut son inaction est fautive. Conformément à la jurisprudence *Doublet* (CE, 14 décembre 1959), pour être valablement autorisé à contester l'inaction de l'administration, le requérant devra démontrer au juge administratif que la mesure sollicitée est indispensable (1re condition) pour faire cesser un péril grave (2e condition) résultant d'une situation particulièrement dangereuse pour l'ordre public (3e condition).

III. LE RESPECT DE LA LÉGALITÉ

La police administrative est soumise au principe de légalité. En particulier, la juridiction administrative exerce un contrôle étendu de la légalité des mesures de police administrative. À ce titre, le juge administratif vérifie que les mesures de police administrative sont adaptées, nécessaires et proportionnées au regard des seules nécessités de l'ordre public. Cette règle s'explique par la tradition libérale de notre droit selon laquelle « *la liberté est la règle, la restriction de police l'exception* » (Corneille, concl. sur CE, 10 août 1917, *Baldy*).

A. Les nécessités de l'ordre public

Le recours à la police administrative doit être justifié par des risques avérés – et non simplement hypothétiques – de troubles à l'ordre public. En outre, ce recours ne peut pas être fondé sur d'autres considérations. C'est dire, par exemple, que « *l'émotion et les inquiétudes résultant des attentats terroristes ne sauraient suffire à justifier légalement* » l'interdiction du port du burkini (CE, ord., 26 août 2016, *Commune de Villeneuve-Loubet*).

B. La proportionnalité de la mesure de police

L'administration doit doser les sacrifices imposés aux libertés au titre de la satisfaction de l'ordre public. Aussi, les interdictions générales et absolues sont-elles rarement conformes à la légalité. À titre d'illustration, dans l'arrêt *Benjamin* du 19 mai 1933, le Conseil d'État reconnaît, qu'au regard des troubles à l'ordre public susceptibles d'être occasionnés par la conférence tenue par le sieur Benjamin, l'arrêté d'interdiction édicté par le maire de Nevers n'était pas nécessaire et que d'autres mesures policières plus appropriées auraient pu être adoptées.

TITRE II

LES MOYENS JURIDIQUES DE L'ACTION ADMINISTRATIVE

Fiche 19

LA NOTION D'ACTE ADMINISTRATIF UNILATÉRAL

Les actes administratifs unilatéraux peuvent constituer des décisions administratives ou des actes non décisoires.

I. LA DÉCISION ADMINISTRATIVE

A. La définition

La décision administrative est un acte administratif unilatéral modifiant – ou maintenant – l'ordonnancement juridique. Faisant grief, elle est susceptible de faire l'objet d'un recours pour excès de pouvoir devant le juge administratif.

B. Les auteurs de la décision

1. Le principe : l'autorité administrative

L'auteur d'une décision est en principe une autorité administrative. Par exemple, il peut s'agir :

- des décrets du président de la République qui peuvent être ou non contresignés – conformément aux dispositions de l'article 19 de la Constitution – par les ministres responsables, c'est-à-dire les ministres auxquels « *incombent, à titre principal, la préparation et l'application des actes* » considérés (CE, 10 juin 1966, *Pelon et autres*) ;

- des décrets du Premier ministre qui sont contresignés, le cas échéant, par les ministres chargés de leur exécution (art. 22 de la Constitution), c'est-à-dire les ministres « *qui seront compétents pour signer ou contresigner les mesures réglementaires ou individuelles que comporte nécessairement l'exécution de cet acte* » (CE, 27 avril 1962, *Sicard et autres*) ;

- des arrêtés ministériels, préfectoraux ou municipaux ;

- des délibérations des organes collégiaux des collectivités territoriales et des établissements publics.

2. Les exceptions : les personnes privées

a) Les personnes privées participant à une mission de service public et disposant de prérogatives de puissance publique

Les personnes privées participant à une mission de service public et disposant de prérogatives de puissance publique peuvent prendre des décisions administratives. Il peut s'agir :

- d'une mission de service public administratif (CE, 13 janvier 1961, *Magnier*) ;
- ou d'une mission de service public industriel et commercial (TC, 15 janvier 1968, *Époux Barbier*) à la condition que la décision prise soit une décision réglementaire.

b) Les personnes privées agissant au nom d'une personne publique

Deux hypothèses sont à distinguer :

- la jurisprudence des fonctionnaires de fait. C'est l'idée que les circonstances exceptionnelles peuvent conduire des personnes étrangères à l'administration à décider à la place des autorités administratives compétences (CE, 5 mars 1948, *Marion* à propos des réquisitions du « Comité des intérêts valériens » constitué en 1940 après le départ de la municipalité) ;
- la théorie des institutions administratives transparentes. Derrière une personne privée, c'est en réalité une autorité administrative qui agit (CE, 11 mai 1987, *Divier*).

C. La distinction entre les décisions réglementaires et les décisions non réglementaires

1. Les décisions réglementaires

Les décisions réglementaires édictent des normes à caractère général et impersonnel qui visent une ou plusieurs personnes désignées de façon abstraite. Il est admis que l'acte dépourvu de caractère général et impersonnel qui n'a pas, par lui-même, pour objet l'organisation d'un service public ne revêt pas un caractère réglementaire (CE, 1er juillet 2016, *Institut d'ostéopathie de Bordeaux*).

2. Les décisions non réglementaires

a) Les décisions individuelles

Les décisions individuelles concernent une ou plusieurs personnes nominativement désignées. Il peut s'agir de la décision nommant un fonctionnaire.

b) Les décisions d'espèce

Selon l'expression empruntée au professeur René Chapus, les décisions d'espèce sont celles qui « *édictent des normes qui ne sont ni individuelles ni générales [...] se rapportant à une situation ou à une opération particulière* ». C'est le cas, par exemple, de la déclaration d'utilité publique.

II. L'ACTE UNILATÉRAL NON DÉCISOIRE

Certains actes administratifs unilatéraux ne constituent pas des décisions en ce sens qu'ils ne modifient pas l'ordonnancement juridique (CE, 9 décembre 1988, *Ville d'Amiens et CCI d'Amiens et de Rouen* à propos d'un communiqué par lequel le Premier ministre a rendu public le tracé retenu pour le train à grande vitesse « Nord »). En principe, ils ne sont donc pas susceptibles de recours. C'est le cas des :

- avis (pour une exception s'agissant de l'avis non conforme du Conseil supérieur de la magistrature sur la nomination d'un magistrat du siège qui constitue un acte faisant grief et pouvant être déféré au juge de l'excès de pouvoir, voir CE, 29 octobre 2013, *Vidon*);
- ou des mesures préparatoires.

A. Les circulaires

Selon le commissaire du Gouvernement Tricot dans ses conclusions sur l'arrêt *Institution Notre-Dame du Kreisker* rendu le 29 janvier 1954 par le Conseil d'État: « *La circulaire est un pavillon qui peut recouvrir toutes sortes de marchandises: ordres du jour, conseils, recommandations, directives d'organisation et de fonctionnement, règles de droit.* » Depuis l'arrêt *Mme Duvignères* rendu par le Conseil d'État le 18 décembre 2002, le critère de recevabilité des recours formés contre les circulaires administratives est celui de l'impérativité.

1. Les circulaires impératives

« *Les dispositions impératives à caractère général d'une circulaire ou d'une instruction doivent être regardées comme faisant grief, tout comme le refus de les abroger* » (CE, 18 décembre 2002, *Duvignères*). Tel est le cas, par exemple, de la circulaire du ministre de l'Intérieur qui prescrit aux préfets l'interprétation qu'il convient de faire des textes et de la jurisprudence relative aux cas dans lesquels la préservation de l'ordre public justifie que soient prises des mesures d'interdiction de certaines représentations, notamment les spectacles de *M. M'Bala M'Bala*: CE, 9 novembre 2015, *Agrif et autre*.

2. Les circulaires interprétatives

Les circulaires interprétatives ne font pas grief: « *L'interprétation que par voie, notamment, de circulaires ou d'instructions l'autorité administrative donne des lois et règlements qu'elle a pour mission de mettre en œuvre n'est pas susceptible d'être déférée au juge de l'excès de pouvoir lorsque, étant dénuée de caractère impératif, elle ne saurait, quel qu'en soit le bien-fondé, faire grief* » (CE, 18 décembre 2002, *préc.*). Tel est le cas, par exemple, d'une note du ministre de l'Économie, des Finances et de l'Industrie qui « *se borne à donner aux agents en charge du contrôle fiscal des entreprises de restauration certaines indications relatives à l'exercice de ce contrôle* » (CE, 19 février 2003, *Société Auberge Ferme des Genêts*).

B. Les directives ou lignes directrices

La pratique des directives a été admise par le juge administratif (CE, 11 décembre 1970, *Crédit foncier de France*).

1. La définition

La directive ou ligne directrice se définit comme « *le fait pour une autorité de se fixer à elle-même ou de prescrire à ses subordonnés les règles de conduite qu'elle entend s'imposer* » (Raymond Odent). En particulier, « *dans le cas où un texte prévoit l'attribution d'un avantage sans avoir défini l'ensemble des conditions permettant de déterminer à qui l'attribuer parmi ceux qui sont en droit d'y prétendre, l'autorité compétente peut [...] encadrer l'action de l'administration, dans le but d'en assurer la cohérence, en déterminant, par la voie de lignes directrices, sans édicter aucune condition nouvelle, des critères permettant de mettre en œuvre le texte en cause, sous réserve de motifs d'intérêt général conduisant à y déroger et de l'appréciation particulière de chaque situation*» (CE, 4 février 2015, *M. Cortes Ortiz*).

2. La possibilité d'un recours

La personne en droit de prétendre à l'avantage en cause peut se prévaloir, devant le juge administratif, de telles lignes directrices si elles ont été publiées (CE, 4 février 2015, *préc.*).

C. Les mesures d'ordre intérieur

La réduction des mesures d'ordre intérieur est très significative à partir des années 1990 ainsi qu'en témoignent les arrêts *Marie et Hardouin.*

D. Le droit souple

1. La définition

Il s'agit de «*l'ensemble des instruments répondant à trois conditions cumulatives:*

- *ils ont pour objet de modifier ou d'orienter les comportements de leurs destinataires en suscitant, dans la mesure du possible, leur adhésion;*
- *ils ne créent pas par eux-mêmes de droits ou d'obligations pour leurs destinataires;*
- *ils présentent, par leur contenu et leur mode d'élaboration, un degré de formalisation et de structuration qui les apparente aux règles de droit*» (CE, *Le droit souple,* étude annuelle 2013).

2. La possibilité d'un recours en annulation

Peuvent faire l'objet d'un recours pour excès de pouvoir les avis, recommandations, mises en garde et prises de position:

- lorsqu'ils revêtent le caractère de dispositions générales et impératives ou lorsqu'ils énoncent des prescriptions individuelles dont ces autorités pourraient ultérieurement censurer la méconnaissance;
- lorsqu'ils sont de nature à produire des effets notables, notamment de nature économique, ou ont pour objet d'influer de manière significative sur les comportements des personnes auxquelles ils s'adressent (CE, 21 mars 2016, *Société Fairvesta International GMBH* et *Société NC Numericable*).

Fiche 20

L'ÉLABORATION DE L'ACTE ADMINISTRATIF UNILATÉRAL

I. LES RÈGLES DE PROCÉDURE

Il s'agit des règles qui régissent l'élaboration de l'acte unilatéral. Depuis, le 1er janvier 2016, les règles de procédure non contentieuse ont été codifiées au sein du code des relations entre le public et l'administration (CRPA). Il s'est agi de « *faciliter le dialogue entre les administrations et les citoyens, fondé sur la simplification des relations, la transparence, et une plus grande réactivité de l'administration* » (exposé des motifs du projet de loi n° 664 habilitant le Gouvernement à simplifier les relations entre l'administration et les citoyens, enregistré à la présidence du Sénat le 13 juin 2013).

A. Les délais

Trois types de délais peuvent être distingués.

1. Le délai en cas d'attribution de compétence

Il s'agit du délai pendant lequel une autorité administrative est autorisée à prendre des décisions qui normalement ne relèvent pas de sa compétence. Le délai est ici impératif. Par exemple, le Gouvernement n'est habilité à prendre des ordonnances de l'article 38 de la Constitution que dans le délai défini par la loi d'habilitation.

2. Le délai relatif à la durée d'une phase procédurale

Il s'agit, par exemple, du délai dans lequel un organisme consultatif doit formuler un avis. L'irrespect d'un tel délai est constitutif d'un vice de procédure.

3. Le délai d'édiction de la décision

a) L'absence de délai

En l'absence de délai, l'administration agit en principe quand elle le souhaite. Dans certaines hypothèses cependant, l'administration doit agir dans un « délai raisonnable ». C'est le cas, par exemple, pour l'édiction des « *mesures qu'implique nécessairement l'application de la loi, hors le cas où le respect des engagements internationaux de la France y ferait obstacle* » (CE, 28 juillet 2000, *Association France nature environnement*).

b) La présence d'un délai

Parfois des délais incitent ou obligent l'administration à agir avec célérité. Ces délais peuvent donc être indicatifs ou impératifs.

c) Les conséquences de l'exercice tardif du pouvoir réglementaire

Qu'un délai d'édiction de la décision soit prévu ou non, l'exercice tardif du pouvoir réglementaire ne conduit pas le juge à annuler la décision finalement prise (CE, 23 octobre 1992, *Diemert*). C'est la carence de l'autorité administrative qui est constitutive d'une illégalité.

B. Les consultations

Parfois des dispositions législatives ou réglementaires prévoient la consultation d'organisme avant l'intervention d'une décision afin d'éclairer l'administration sur ses choix.

1. La distinction entre l'avis simple et l'avis conforme

a) L'avis simple

Lorsque l'avis est simple, l'administration n'est pas tenue de le suivre.

b) L'avis conforme

L'avis conforme lie l'administration. Il s'apparente à une sorte de codécision. L'administration peut:

- soit suivre l'avis de l'organisme consulté;
- soit renoncer à son projet de décision.

2. La distinction entre l'avis obligatoire et l'avis facultatif

Les avis peuvent être obligatoires ou facultatifs. En cas d'avis simple obligatoire, l'administration pourra adopter:

- soit la décision soumise à consultation,
- soit la décision modifiée dans le sens indiqué par l'organe consultatif.

En revanche, si l'administration souhaite adopter une autre solution, elle doit de nouveau consulter l'organe consultatif (CE, 23 octobre 1998, *UFFA-CFDT*).

3. Le contrôle juridictionnel des règles de consultation préalable

a) La règle énoncée par le législateur

Le premier alinéa de l'article 70 de la loi n° 2011-525 du 17 mai 2011 de simplification et d'amélioration de la qualité du droit dispose que « *lorsque l'autorité administrative, avant de prendre une décision, procède à la consultation d'un organisme, seules les irrégularités susceptibles d'avoir exercé une influence sur le sens de la décision prise au vu de l'avis rendu peuvent, le cas échéant, être invoquées à l'encontre de la décision* ».

b) L'interprétation jurisprudentielle

Selon le Conseil d'État, ces dispositions de la loi du 17 mai 2011 « *énoncent, s'agissant des irrégularités commises lors de la consultation d'un organisme, une règle qui s'inspire du principe selon lequel, si les actes administratifs doivent être pris selon les formes et conformément aux procédures prévues par les lois et règlements, un vice affectant le déroulement d'une procédure administrative préalable, suivie à titre obligatoire ou facultatif, n'est de nature à entacher d'illégalité la décision prise que s'il ressort des pièces du dossier qu'il a été susceptible d'exercer, en l'espèce, une influence sur le sens de la décision prise ou qu'il a privé les intéressés d'une garantie* » (CE, 23 décembre 2011, *Danthony*).

C. Le respect des droits de la défense

1. Un principe général du droit

Le respect des droits de la défense est un principe général du droit (CE, 5 mai 1944, *Dame Trompier-Gravier*).

2. Le champ d'application de la procédure contradictoire

Le champ d'application de la procédure contradictoire est essentiellement prévu par les articles L. 121-1 et L. 121-2 du CRPA. La procédure contradictoire ne s'applique pas aux cas où il est statué sur une demande. Sous cette réserve, sont soumises au respect d'une procédure contradictoire :

- les décisions individuelles défavorables soumises à l'obligation de motivation – énumérées à l'article L. 211-2 ;
- et les décisions prises en considération de la personne.

Les autres décisions individuelles défavorables sont soumises à la procédure contradictoire en vertu de la jurisprudence.

3. Les modalités de mise en œuvre de la procédure contradictoire

La procédure contradictoire implique que la personne intéressée soit mise à même de présenter des observations et qu'elle ait reçu communication de son dossier en cas de sanction.

D. La délivrance d'un accusé de réception

En principe, toute demande adressée à l'administration fait l'objet d'un accusé de réception (art. L. 112-3 du CRPA) qui indique notamment la date de réception de la demande et la date à laquelle, à défaut d'une décision expresse, celle-ci sera réputée acceptée ou rejetée (art. R.112-5, 1°, du CRPA).

II. LES RÈGLES DE FORME

Les règles de forme concernent la présentation de l'acte. Ces règles sont très peu nombreuses, car le droit administratif français est aussi peu formaliste que possible. Il s'agit d'éviter la multiplication des motifs d'annulation.

A. Le caractère écrit de l'acte

Même si l'écrit est la forme habituelle de l'acte administratif unilatéral, un tel acte peut parfaitement être oral sauf texte contraire (CE, 9 janvier 1931, *Abbé Cadel* à propos de l'ordre verbal donné par un maire prescrivant de déposer dans l'église le corps d'un noyé). Par ailleurs, les décisions implicites sont toujours non écrites. Parmi les décisions implicites qui sont nées du silence gardé par l'administration, on distingue la décision implicite de rejet de la décision implicite d'acceptation.

1. La solution traditionnelle : le silence valant rejet

Ce principe du silence gardé par l'administration vaut rejet a été érigé en principe général du droit par le Conseil constitutionnel (décision n° 69-55 L du 26 juin 1969, *Protection des sites*). Autrement dit, pour le Conseil, seule une loi pouvait déroger à ce principe. En revanche, le juge administratif considérait qu'un décret fixant la règle inverse n'était pas illégal (CE, 27 février 1970, *Commune de Bozas*). Finalement, l'article 21 de la loi relative aux droits des citoyens dans leurs relations avec les administrations (DCRA) du 12 avril 2000 avait consacré la règle selon laquelle le silence vaut décision de rejet tout en confiant au pouvoir réglementaire le soin de prévoir des dérogations.

2. Le nouveau principe du silence valant accord ou acceptation

a) Le principe

L'article L. 231-1 du CRPA prévoit désormais que « *le silence gardé pendant deux mois par l'administration sur une demande vaut décision d'acceptation* ». Une attestation est délivrée par l'administration (art. L. 232-3 du CRPA).

b) Les exceptions

La loi :

- établit une liste d'exceptions pour lesquelles le silence gardé par l'administration pendant deux mois vaut décision de rejet (art. L. 231-4 du CRPA) ;
- et autorise le pouvoir réglementaire à fixer d'autres dérogations eu égard à l'objet de certaines décisions ou pour des motifs de bonne administration (art. L. 231-5 du CRPA).

B. La motivation

La motivation, qui doit être écrite, consiste en la formulation des motifs de droit ou de fait ayant fondé la décision.

1. L'absence d'un principe général de motivation

L'administration n'est pas tenue dans tous les cas de motiver sa décision. D'une part, il n'existe pas de principe général du droit de motivation des actes administratifs unilatéraux (CE, 26 janvier 1973, *Lang*). D'autre part, « *en principe les décisions des autorités administratives n'ont pas à être motivées* » (*id.*).

2. Le champ d'application de l'obligation de motivation

Sans pour autant consacrer un principe général de motivation, la loi du 11 juillet 1979 relative à la motivation des actes administratifs et à l'amélioration des relations entre l'administration et le public a prévu que doivent être motivées :

- les décisions individuelles défavorables aux citoyens – mesure de police, sanction, décision abrogeant une décision créatrice de droits, etc. ;
- et les décisions administratives individuelles qui dérogent aux règles générales fixées par la loi ou le règlement.

Il reste que l'obligation de motiver disparaît en cas d'urgence absolue ou de secret. Aujourd'hui, les dispositions relatives à la motivation sont prévues par les articles L. 211-1 et s. du CRPA.

Fiche 21

L'APPLICATION DE L'ACTE ADMINISTRATIF UNILATÉRAL

I. L'ENTRÉE EN APPLICATION DE L'ACTE

A. La publicité de l'acte

L'acte administratif entre en vigueur dès son émission par l'autorité administrative. Mais, il n'est opposable aux administrés qu'à partir du moment où il a fait l'objet d'un procédé de publicité.

1. La publication

Il s'agit d'un procédé de publicité impersonnel et général en ce sens qu'il permet de porter l'acte administratif à la connaissance du public en général. Un principe général du droit impose à l'autorité administrative de publier dans un délai raisonnable les règlements qu'elle édicte sauf lorsqu'elle justifie, sous le contrôle du juge, de circonstances particulières y faisant obstacle (CE, 12 décembre 2003, *Syndicat des commissaires et hauts fonctionnaires de la police nationale*). Parmi les modes de publication, l'insertion au Journal Officiel est la plus connue. Sont en effet publiés au Journal officiel, les ordonnances, les décrets ainsi que les autres actes administratifs lorsqu'une loi ou un décret le prévoit (art. L. 221-9 du CRPA).

2. La notification

Il s'agit d'un procédé de publicité personnel en ce sens qu'il permet de porter l'acte administratif à la connaissance personnelle d'un ou de quelques administrés. La loi prévoit qu'« *une décision individuelle expresse est opposable à la personne qui en fait l'objet au moment où elle est notifiée* » (art. L. 221-8 du CRPA).

B. La non-rétroactivité des actes administratifs

1. Le principe

En principe, les actes administratifs ne disposent que pour l'avenir et ne peuvent donc pas être rétroactifs. Il s'agit d'un principe général du droit consacré par le Conseil d'État dans son arrêt *Société du journal « L'Aurore »* du 25 juin 1948.

2. Les dérogations

a) La dérogation légale au principe

La loi peut déroger au principe général du droit de non-rétroactivité (Cons. const., décision n° 69-57 L du 24 octobre 1969, *Frais de scolarité à l'École polytechnique*). Toutefois, cette dérogation n'est pas possible :

- en matière répressive puisque le principe de non-rétroactivité de toute sanction ayant le caractère d'une punition y fait obstacle (art. 8 de la Déclaration des droits de l'homme et du citoyen du 26 août 1789);
- lorsque cela conduirait à heurter des exigences constitutionnelles ou conventionnelles. Par exemple, si, dans les autres matières non répressives, « *le législateur a la faculté d'adopter des dispositions rétroactives, il ne peut le faire qu'en considération d'un motif d'intérêt général suffisant et sous réserve de ne pas priver de garanties légales des exigences constitutionnelles* » (Cons. const., décision n° 2001-453 DC du 18 décembre 2001, *Loi de financement de la sécurité sociale pour 2002*).

b) Les dérogations justifiées par le principe de légalité

Un acte administratif a un effet rétroactif lorsqu'il :

- tire les conséquences d'une annulation pour excès de pouvoir (CE, 26 décembre 1925, *Rodière* à propos d'une reconstitution de carrière à la suite de l'annulation d'un tableau d'avancement);
- fait disparaître une décision illégale.

c) Les dérogations relatives aux approbations données par l'autorité de tutelle

Un acte administratif a un effet rétroactif lorsqu'il approuve un acte soumis à tutelle. L'approbation a pour effet de valider rétroactivement ce dernier acte (CE, 17 juin 1960, *Contessoto*).

II. L'EXÉCUTION DE L'ACTE

D'une part, le privilège du préalable confère à l'acte administratif l'autorité de chose décidée. D'autre part, les actes administratifs sont immédiatement applicables en vertu d'une « *règle fondamentale du droit public* » (CE, 2 juillet 1982, *Huglo*). Aussi, l'administré est-il tenu d'exécuter les actes administratifs (art. 7 de la Déclaration de 1789). Il y est d'ailleurs incité par la menace de sanctions. Quant à son éventuelle résistance, elle peut être surmontée par l'exécution forcée des actes administratifs.

A. L'incitation à l'exécution des actes administratifs

1. La crainte de la sanction pénale

La très grande majorité des décisions administratives sont sanctionnées pénalement. Par exemple :

- l'article R. 610-5 du code pénal punit de l'amende prévue pour les contraventions de la 1re classe la violation des interdictions ou le manquement aux obligations édictées par les décrets et arrêtés de police;

- l'article 13 de la loi relative à l'état d'urgence du 3 avril 1955 punit d'un an d'emprisonnement et de 15000 € d'amende la violation de l'assignation à résidence.

2. La crainte de la sanction administrative

L'administration dispose d'un «*pouvoir répressif [...] pour punir des comportements sociaux considérés comme des infractions à une réglementation préexistante*» (Franck Moderne). Elle peut donc prononcer elle-même des sanctions administratives. Toutefois, l'administration ne peut pas infliger des peines privatives de liberté (Cons. const., décision n° 89-260 DC du 28 juillet 1989, COB).

B. L'exécution forcée

Les conclusions du commissaire du Gouvernement Romieu sur l'arrêt *Société immobilière de Saint-Just* rendu par le Tribunal des conflits le 2 décembre 1902 constituent le «*code de l'exécution forcée*» (René Chapus).

1. Les trois hypothèses du recours à l'exécution forcée

Dans trois hypothèses, l'administration peut exécuter elle-même par la force l'une de ses décisions lorsqu'un administré refuse de s'incliner.

a) L'exécution forcée autorisée par le législateur

Le législateur peut autoriser l'exécution forcée. Tel est le cas, par exemple:

- de l'article L. 2221-10 du code de la défense qui prévoit qu'«*en cas de refus des habitants de consentir aux réquisitions, le recouvrement des prestations est assuré au besoin par la force*»;
- de l'article L. 523-1 du code de l'entrée et du séjour des étrangers et du droit d'asile qui prévoit que «*l'arrêté prononçant l'expulsion d'un étranger peut être exécuté d'office par l'administration*».

b) L'exécution forcée justifiée par l'urgence

«*Il est de l'essence même du rôle de l'administration d'agir immédiatement et d'employer la force publique sans délai ni procédure, lorsque l'intérêt immédiat de la conservation publique l'exige; quand la maison brûle, on ne va pas demander au juge l'autorisation d'y envoyer les pompiers*» (Romieu). Dans cette hypothèse, le juge vérifie s'il y a bien urgence.

c) L'exécution forcée en l'absence de loi ou d'urgence

En l'absence de loi ou d'urgence, l'exécution forcée est envisageable dès lors que les quatre conditions suivantes sont réunies:

- aucune autre voie de droit ne permet de parvenir à l'exécution de la règle juridique (absence de sanction pénale par exemple);
- l'opération administrative pour laquelle l'exécution forcée est nécessaire doit être prise en application d'un texte de loi précis;
- il doit y avoir un manque d'obéissance à l'acte de puissance publique, c'est-à-dire une résistance à vaincre;

- l'exécution forcée doit tendre uniquement à la réalisation de l'opération prescrite par la loi.

2. L'exécution forcée, dans des conditions irrégulières, d'une décision : la voie de fait

En dehors des trois hypothèses susvisées, l'exécution forcée est constitutive d'une voie de fait. Selon la définition contemporaine donnée par le Tribunal des conflits dans son arrêt *Bergoend* du 17 juin 2013, « *il n'y a voie de fait de la part de l'administration, justifiant, par exception au principe de séparation des autorités administratives et judiciaires, la compétence des juridictions de l'ordre judiciaire pour en ordonner la cessation ou la réparation, que dans la mesure où l'administration [...] a procédé à l'exécution forcée, dans des conditions irrégulières, d'une décision, même régulière, portant atteinte à la liberté individuelle ou aboutissant à l'extinction d'un droit de propriété [...]* ».

Fiche 22

LA DISPARITION DE L'ACTE ADMINISTRATIF UNILATÉRAL

Il existe différentes modalités de sortie de vigueur des actes administratifs unilatéraux.

I. LA CADUCITÉ ET LA PÉREMPTION

La disparition des actes administratifs unilatéraux peut être le fait:

- de la caducité – c'est le cas s'agissant des ordonnances de l'article 38 de la Constitution à défaut du dépôt devant le Parlement du projet de loi de ratification avant la date fixée par la loi d'habilitation;
- de la péremption – c'est le cas s'agissant du permis de construire en l'absence de travaux dans le délai de trois ans à compter de la notification de la décision accordant le permis (art. R. 424-17 du code de l'urbanisme).

La caducité et la péremption doivent être expressément prévues par un texte.

II. L'ANNULATION CONTENTIEUSE

La disparition des actes administratifs unilatéraux peut résulter d'une annulation par le juge.

A. Le principe de l'effet rétroactif de l'annulation

En principe, l'annulation contentieuse a un caractère rétroactif. C'est dire que « *les actes annulés pour excès de pouvoir sont réputés n'être jamais intervenus* » (CE, 26 décembre 1925, *Rodière*).

B. La modulation dans le temps des effets des annulations

Le juge peut déroger à titre exceptionnel au principe de l'effet rétroactif de l'annulation d'un acte administratif lorsque celui-ci « *est de nature à emporter des conséquences manifestement excessives en raison tant des effets que cet acte a produits et des situations qui ont pu se constituer lorsqu'il était en vigueur que de l'intérêt général pouvant s'attacher à un maintien temporaire de ses effets* » (CE, 11 mai 2004, *Association AC! et autres*). Ainsi, sous réserve des actions contentieuses engagées à la date de la décision d'annulation contre les actes pris sur le fondement de l'acte en cause, le juge pourra prévoir que tout ou partie des effets de cet acte antérieur à son annulation devront être regardés comme définitifs ou même, le cas échéant, que l'annulation ne prendra effet qu'à une date ultérieure.

III. L'ABROGATION ET LE RETRAIT

L'administration peut également décider de faire disparaître ses actes.

A. Les définitions

1. La définition de l'abrogation

L'abrogation d'un acte se définit comme sa disparition juridique pour l'avenir (art. L. 240-1, 1°, du CRPA).

2. La définition du retrait

Le retrait d'un acte se définit comme sa disparition juridique pour l'avenir comme pour le passé (art. L. 240-1, 2°, du CRPA).

B. Le régime juridique de l'abrogation et du retrait

En premier lieu, un acte administratif unilatéral obtenu par fraude peut être à tout moment abrogé ou retiré.

En second lieu, sous réserve des exigences découlant du droit de l'Union européenne et de dispositions législatives et réglementaires spéciales, les règles applicables à l'abrogation et au retrait d'un acte administratif unilatéral pris par l'administration sont fixées par les dispositions du CRPA. Ces règles sont déterminées principalement par la distinction entre les décisions créatrices de droits et les décisions non créatrices de droits.

1. Les décisions créatrices de droits

En toute hypothèse, et en raison du principe de la séparation des pouvoirs, la décision de nomination d'un magistrat ne peut être retirée, même si elle est illégale (CE, 1er octobre 2010, *Mme Tacite*).

a) Le retrait ou l'abrogation à l'initiative de l'administration ou sur demande d'un tiers

L'abrogation ou le retrait n'est possible que dans le délai de quatre mois suivant la prise de la décision créatrice de droits et à la condition que cette décision soit illégale (art. L. 242-1 du CRPA). Cette règle, qui s'inspire de la jurisprudence *Ternon* applicable au retrait (CE, 26 octobre 2001), connaît deux dérogations (art. L. 242-2 du CRPA), l'administration pouvant, sans condition de délai :

- abroger une décision créatrice de droits dont le maintien est subordonné à une condition qui n'est plus remplie ;
- retirer une décision attribuant une subvention lorsque les conditions mises à son octroi n'ont pas été respectées.

b) L'abrogation et le retrait sur demande du bénéficiaire d'une décision

Selon le cas, l'administration :

- est tenue de procéder à l'abrogation ou au retrait d'une décision créatrice de droits si elle est illégale et si l'abrogation ou le retrait peut intervenir dans le délai de quatre mois suivant l'édiction de la décision (art. L. 242-3 du CRPA) ;

- peut, sans condition de délai, abroger ou retirer une décision créatrice de droits, même légale, si son retrait ou son abrogation n'est pas susceptible de porter atteinte aux droits des tiers et s'il s'agit de la remplacer par une décision plus favorable au bénéficiaire (art. L. 242-4 du CRPA).

c) L'abrogation et le retrait dans le cadre d'un recours administratif préalable obligatoire (RAPO)

Lorsque le recours contentieux à l'encontre d'une décision créatrice de droits est subordonné à l'exercice préalable d'un recours administratif et qu'un tel recours a été régulièrement présenté, le retrait ou l'abrogation, selon le cas, de la décision est possible jusqu'à l'expiration du délai imparti à l'administration pour se prononcer sur le RAPO (art. L. 242-5 du CRPA).

2. Les actes réglementaires et les actes non réglementaires non créateurs de droits

a) L'abrogation

Selon le cas, l'administration :

- peut, sous réserve, le cas échéant, de l'édiction de mesures transitoires, modifier ou abroger un acte réglementaire ou un acte non réglementaire non créateur de droits pour tout motif et sans condition de délai (art. L. 243-1 du CRPA). C'est l'idée que nul n'a droit au maintien d'un règlement (CE, 25 juin 1954, *Syndicat national de la meunerie à seigle* et CE, 27 janvier 1961, *Vannier*) ;

- est tenue d'abroger expressément, d'une part, un acte réglementaire illégal – sauf à ce que l'illégalité ait cessé – ou dépourvu d'objet et, d'autre part, un acte non réglementaire non créateur de droits devenu illégal – sauf à ce que l'illégalité ait cessé – ou sans objet en raison de circonstances de droit ou de fait postérieures à son édiction (art. L. 243-2 du CRPA).

b) Le retrait

L'administration ne peut retirer un acte réglementaire ou un acte non réglementaire non créateur de droits que s'il est illégal et si le retrait intervient dans le délai de quatre mois suivant son édiction (art. L. 243-3 du CRPA). Cette règle connaît une dérogation puisqu'une mesure à caractère de sanction infligée par l'administration peut toujours être retirée (art. L. 243-4 du CRPA).

Fiche 23

LA QUALIFICATION DE CONTRAT ADMINISTRATIF

Le contrat se définit classiquement comme « *un accord de volontés entre deux ou plusieurs personnes destiné à créer, modifier, transmettre ou éteindre des obligations* » (art. 1101 du code civil). L'administration peut conclure des contrats de droit privé ou des contrats administratifs. Parfois, c'est la loi elle-même qui détermine la nature administrative du contrat. Dans le silence de la loi, il appartient au juge administratif de déterminer la nature des contrats conclus par l'administration.

I. LES CONTRATS ADMINISTRATIFS PAR DÉTERMINATION DE LA LOI

A. La qualification législative implicite

La loi peut confier le contentieux relatif à certains contrats à la juridiction administrative. Ces contrats constituent alors des contrats administratifs. C'est l'idée que « *la compétence commande le fond* ». C'est ainsi, par exemple, que les litiges relatifs aux contrats comportant occupation du domaine public sont portés devant la juridiction administrative (art. L. 2331-1, 1°, du CG3P).

B. La qualification législative explicite

Parfois, le législateur qualifie explicitement un contrat de contrat administratif. C'est le cas notamment des :

- marchés publics passés par des personnes morales de droit public (art. 3 de l'ordonnance n° 2015-899 du 23 juillet 2015 relative aux marchés publics) qui se définissent comme des contrats conclus à titre onéreux par un ou plusieurs acheteurs avec un ou plusieurs opérateurs économiques, pour répondre à leurs besoins en matière de travaux, de fournitures ou de services (*ibid.*, art. 4) ;
- contrats de concession passés par des personnes morales de droit public (art. 3 de l'ordonnance n° 2016-65 du 29 janvier 2016 relative aux contrats de concession) qui se définissent comme des contrats conclus par écrit, par lesquels une ou plusieurs autorités concédantes confient l'exécution de travaux ou la gestion d'un service à un ou plusieurs opérateurs économiques, à qui est transféré un risque lié à l'exploitation de l'ouvrage ou du service, en contrepartie soit du droit d'exploiter l'ouvrage ou le service qui fait l'objet du contrat, soit de ce droit assorti d'un prix (*ibid.*, art. 5) ;

- baux emphytéotiques administratifs relatifs aux biens immobiliers appartenant aux collectivités territoriales (art. L. 1311-2 du CGCT).

II. LES CONTRATS ADMINISTRATIFS PAR APPLICATION DES CRITÈRES JURISPRUDENTIELS

Sauf disposition législative contraire, pour apprécier la nature juridique d'un contrat le juge se place à la date à laquelle il a été conclu (TC, 16 octobre 2006, *Caisse centrale de réassurance*). Il faut distinguer trois hypothèses selon que le contrat est passé entre:

- deux personnes publiques;
- une personne publique et une personne privée;
- entre deux personnes privées.

A. Le contrat conclu entre deux personnes publiques

1. Le principe: la présomption d'administrativité du contrat

Dans son arrêt *Union des assurances de Paris* du 21 mars 1983, le Tribunal des conflits pose une présomption d'administrativité du contrat conclu entre deux personnes publiques: « *Un contrat conclu entre deux personnes publiques revêt en principe un caractère administratif, impliquant la compétence des juridictions administratives pour connaître des litiges portant sur les manquements aux obligations en découlant.* »

2. L'exception: la présomption renversée

Dans le même arrêt *Union des assurances de Paris,* le Tribunal des conflits réserve le cas « *où, eu égard à son objet,* [le contrat] *ne fait naître entre les parties que des rapports de droit privé* ». Tel est le cas, par exemple, de la convention conclue entre l'Union des groupements d'achats publics (Ugap) et le ministère de la défense pour la fourniture de véhicules de la gamme commerciale (CE, 3 novembre 2003, *Union des groupements d'achats publics*).

B. Le contrat conclu entre une personne publique et une personne privée

Le contrat conclu entre une personne publique et une personne privée n'est administratif que s'il satisfait à l'un des deux critères matériels suivants:

- le critère du lien avec le service public;
- ou le critère des éléments exorbitants.

1. Le critère du lien avec le service public

a) Le contrat faisant participer le cocontractant à l'exécution du service public

Est administratif, le contrat par lequel le cocontractant de l'administration se voit confier l'exécution même du service public (CE, 20 avril 1956, *Époux Bertin* à propos du contrat par lequel les époux Bertin s'étaient engagés à nourrir les ressortissants soviétiques qui étaient hébergés dans un centre de rapatriement en attendant leur retour en Russie).

b) Le contrat constituant une modalité d'exécution du service public

Est administratif, le contrat qui constitue l'une des modalités de l'exécution même du service public (CE, 20 avril 1956, *Consorts Grimouard* à propos des contrats conclus par l'administration des eaux et forêts avec les propriétaires de terrains privés dans le cadre d'opérations de boisement et de reboisement).

2. Le critère de la présence des éléments exorbitants du droit commun

a) La clause exorbitante du droit commun

Le contrat qui contient une ou plusieurs clauses exorbitantes du droit commun est un contrat administratif. En revanche, si le contrat est passé « *selon les règles et conditions des contrats intervenus entre particuliers* », il s'agit d'un contrat de droit privé (CE, 31 juillet 1912, *Société des granits porphyroïdes des Vosges*). Dans son arrêt *SA Axa France IARD* du 13 octobre 2014, le Tribunal des conflits a défini la clause exorbitante comme la « *clause qui, notamment par les prérogatives reconnues à la personne publique contractante dans l'exécution du contrat, implique, dans l'intérêt général, qu'il relève du régime exorbitant des contrats administratifs* ». Ont notamment été qualifiées de clauses exorbitantes :

- les clauses permettant à l'administration contractante de résilier unilatéralement le contrat (TC, 16 janvier 1967, *Société du vélodrome du Parc des Princes c/ Ville de Paris*) ;
- les clauses consentant une exonération fiscale au cocontractant (TC, 2 juillet 1962, *Consorts Cazautets*).

b) Le régime exorbitant du droit commun

En vertu de la jurisprudence *Société d'exploitation électrique de la rivière du Sant* (CE, 19 janvier 1973), les contrats soumis à un régime exorbitant du droit commun sont également des contrats administratifs. Cette jurisprudence a trouvé à s'appliquer essentiellement aux contrats d'achat d'électricité.

C. Le contrat conclu entre deux personnes privées

1. Le principe

En principe, « *un contrat conclu entre particuliers ne saurait être un contrat administratif puisqu'il n'est même pas un contrat de l'administration* » (André de Laubadère).

2. Les aménagements

a) Le contrat accessoire d'un contrat de contrat public

Le contrat conclu entre personnes privées qui est un accessoire d'un contrat administratif est lui-même un contrat administratif (CE, 13 octobre 1972, *Crédit du Nord c/ OPHLM du Calvados*)

b) Le contrat conclu par une association transparente

Un contrat passé par une association transparente peut être regardé comme administratif (CE, 21 mars 2007, *Commune de Boulogne-Billancourt*).

c) Le contrat conclu en vertu d'un mandat explicite ou implicite

Le contrat conclu par une personne privée mandatée par une personne publique peut être qualifié de contrat administratif (CE, 18 décembre 1936, *Prade*).

Le mandat implicite ou « *mandat administratif* » (Marguerite Canedo) n'est pas un mandat au sens civiliste du terme. Ici, la personne privée est censée agir pour le compte de la personne publique au regard de leurs relations étroites (CE, 30 mai 1975, *Société d'équipement de la région montpelliéraine* et TC, 7 juillet 1975, *Commune d'Agde*). Par exemple, sont des contrats administratifs les contrats par lesquels les exploitants d'aérodromes confient à des sociétés l'exécution des missions d'inspection et de filtrage des passagers, des personnels et des bagages (CE, 3 juin 2009, *Société ADP*).

d) La fin de l'exception relative à l'objet du contrat

Dans son arrêt *Société Entreprise Peyrot* du 8 juillet 1963, le Tribunal des conflits avait jugé que les marchés passés par les sociétés concessionnaires d'autoroutes avec des entreprises étaient des contrats administratifs dans la mesure où « *la construction des routes nationales a le caractère de travaux publics et appartient par nature à l'État* ». Dans son arrêt *Mme Rispal* du 9 mars 2015, le Tribunal des conflits a renversé cette jurisprudence en jugeant « *qu'une société concessionnaire d'autoroute qui conclut avec une autre personne privée un contrat ayant pour objet la construction, l'exploitation ou l'entretien de l'autoroute ne peut, en l'absence de conditions particulières, être regardée comme ayant agi pour le compte de l'État* ». Toutefois, cette solution nouvelle ne joue que pour les contrats conclus postérieurement à cet arrêt du 9 mars 2015.

Fiche 24

LA FORMATION DES CONTRATS ADMINISTRATIFS

I. LES RÈGLES DE COMPÉTENCE

« *Les questions relatives à la compétence des autorités habilitées à passer les contrats au nom des collectivités publiques sont d'ordre public et ne peuvent faire l'objet de conventions entre les parties* » (CE, 13 juillet 1961, *Sté d'entreprises générales et de travaux publics pour la France et les colonies*).

A. Les contrats de l'État

La compétence pour signer les contrats administratifs de l'État appartient en principe au ministre ou aux personnes déléguées par lui. À l'échelon déconcentré, c'est généralement le préfet de département qui signe les contrats administratifs de l'État (art. 59 du décret n° 2004-374 du 29 avril 2004 relatif aux pouvoirs des préfets, à l'organisation et à l'action des services de l'État dans les régions et départements).

B. Les contrats des collectivités territoriales

Les contrats administratifs des collectivités territoriales supposent une autorisation de l'assemblée délibérante. La délibération doit être transmise au préfet avant la signature du contrat par l'exécutif.

1. L'impossibilité de conclure un contrat avec un État étranger

a) Le principe

En principe, une collectivité territoriale ou un groupement de collectivités territoriales ne peut pas conclure une convention avec un État étranger (art. L. 1115-5 du CGCT).

b) Les exceptions

Une collectivité territoriale ou un groupement de collectivités territoriales peut conclure une convention avec un État étranger :

- dans les cas prévus par la loi ;
- ou lorsqu'il s'agit d'un accord destiné à permettre la création d'un groupement européen de coopération territoriale, d'un groupement eurorégional de coopération ou d'un groupement local de coopération transfrontalière (art. L. 1115-5 du CGCT).

2. La possibilité de conclure un contrat avec des autorités locales étrangères

Les collectivités territoriales et leurs groupements peuvent, le cas échéant, conclure des conventions avec des autorités locales étrangères (art. L. 1115-1 du CGCT).

C. Les contrats des établissements publics

Selon les textes, les contrats des établissements publics sont en principe signés soit par le seul exécutif soit par ce dernier après autorisation de l'assemblée délibérante.

II. LES RÈGLES DE FORME

A. Le principe : les contrats écrits

Généralement, les contrats publics sont conclus sous la forme d'un écrit qui constitue une preuve. Le recours à l'écriture permet ainsi de garantir la sécurité juridique et de protéger les parties. Parfois, cette exigence résulte :

- d'un texte à l'instar de l'article 5 de l'ordonnance n° 2016-65 du 29 janvier 2016 relative aux contrats de concession qui précise que « *les contrats de concession sont [d]es contrats conclus par écrit* » ;
- de la jurisprudence (CE, 19 juin 2015, *Société immobilière du port de Boulogne* à propos des conventions d'occupation du domaine public qui doivent revêtir un caractère écrit).

B. L'exception : l'absence de contrats écrits

Un contrat peut être verbal (CE, 20 avril 1956, *Époux Bertin*). Le contrat peut également résulter de l'échange de deux actes unilatéraux (CE, 5 octobre 2005, *Commune de Maurepas* à propos de deux délibérations échangées entre les parties et agréées réciproquement).

III. LES MODALITÉS DE PASSATION

Comme en droit privé, le contrat administratif « *est formé par la rencontre d'une offre et d'une acceptation par lesquelles les parties manifestent leur volonté de s'engager* » (art. 1113 du code civil).

A. L'absence de principe général du droit imposant un appel à la concurrence

En principe, la rencontre des volontés est libre. En ce sens, le Conseil d'État a jugé qu'« *aucun principe général du droit n'oblige les collectivités publiques à recourir au préalable à la concurrence lors de la passation de leurs contrats* » (CE, 12 octobre 1984, *Chambre syndicale des agents généraux d'assurances des Hautes-Pyrénées*). Par exemple, une personne publique n'est pas tenue d'organiser une procédure de publicité préalable à la passation d'un contrat d'occupation d'une dépendance du domaine public, ayant pour seul objet l'occupation d'une telle dépendance (CE, 3 décembre 2010, *Ville de Paris et Association Paris Jean Bouin*).

B. La diffusion des règles de publicité et de mise en concurrence

De très nombreux textes imposent désormais des règles de publicité et de mise en concurrence ainsi qu'en témoignent les ordonnances n°s 2015-899 du 23 juillet 2015 relative aux marchés publics et 2016-65 du 29 janvier 2016 précitée.

IV. LES CLAUSES PROHIBÉES

Comme en droit privé, le contrat doit avoir un contenu licite (art. 1128 du code civil). C'est dire que la liberté contractuelle, pour importante qu'elle soit, n'est pas absolue. De nombreuses clauses sont ainsi prohibées dans les contrats administratifs. Par exemple, est prohibée :

- la clause par laquelle la personne publique renonce à l'exercice de son pouvoir de résiliation unilatérale du contrat pour des motifs d'intérêt général (CE, 6 mai 1985, *Associtation Eurolat*) ;
- la clause par laquelle la personne publique confie le service de la police rurale à des personnes privées (CE, 17 juin 1932, *Ville de Castelnaudary*) ;
- la clause par laquelle une commune renonce à exercer toute action en responsabilité à l'égard de toute personne physique ou morale qu'elle rémunère sous quelque forme que ce soit (art. L. 2131-10 du CGCT).

Fiche 25

LE CONTENTIEUX DE LA FORMATION DES CONTRATS ADMINISTRATIFS

Il s'agit du contentieux relatif au règlement juridictionnel des litiges afférents au contrat lui-même et à sa formation. À côté des référés en matière de passation de contrats et marchés, il faut distinguer le recours pour excès de pouvoir et le recours de plein contentieux.

I. LES RÉFÉRÉS EN MATIÈRE DE PASSATION DE CONTRATS ET MARCHÉS

Deux types de référés doivent être distingués.

A. Le référé précontractuel

Il est prévu par les dispositions L. 551-1 à L. 551-12 du CJA.

1. L'exercice du référé précontractuel

a) L'objet du référé précontractuel : garantir les obligations de publicité et de mise en concurrence avant la conclusion du contrat

Il permet d'assurer le respect des obligations de publicité et de mise en concurrence auxquelles est soumise la passation de certains contrats administratifs en saisissant le président du tribunal administratif, ou le magistrat qu'il délègue, avant la conclusion de ces contrats (art. L. 551-1 et L. 551-5 du CJA).

b) Les contrats susceptibles de faire l'objet d'un référé précontractuel

Le législateur a limitativement énuméré les contrats susceptibles de faire l'objet d'un tel référé précontractuel. Il s'agit :

- des contrats administratifs ayant pour objet l'exécution de travaux, la livraison de fournitures ou la prestation de services, avec une contrepartie économique constituée par un prix ou un droit d'exploitation ;
- et de la délégation d'un service public.

c) La saisine du juge du référé précontractuel

Dès qu'il est saisi, le contrat ne peut plus être signé (art. L. 551-4 et L. 551-9 du CJA).

Les personnes habilitées à saisir ce juge sont :

- celles qui ont un intérêt à conclure le contrat (art. L. 551-10 du CJA), soit toute personne « *ayant vocation, compte tenu de son domaine d'activité, à exécuter le contrat, y compris lorsqu'elle n'a pas présenté de candidature ou d'offre si elle en a été dissuadée par les manquements aux obligations de publicité et de mise en concurrence qu'elle invoque* » (CE, 29 avril 2015, *Syvade*) ;

- le représentant de l'État dans le cas où le contrat doit être conclu par une collectivité territoriale, un groupement de collectivités territoriales ou un établissement public local ;

- l'État – c'est-à-dire le préfet ou le ministre selon le contrat (art. R. 551-3 du CJA) – concernant les contrats passés par les collectivités territoriales, les groupements de collectivités territoriales ou les établissements publics locaux à la demande de la Commission européenne lorsque celle-ci « *lui a notifié les raisons pour lesquelles elle estime qu'une violation grave des obligations de publicité et de mise en concurrence applicables a été commise* » (art. L. 551-10 du CJA).

d) Les moyens invocables

Les personnes habilitées à saisir le juge du référé précontractuel doivent se prévaloir de « *manquements qui, eu égard à leur portée et au stade de la procédure auquel ils se rapportent, sont susceptibles de l'avoir lésée ou risquent de la léser, fût-ce de façon indirecte en avantageant une entreprise concurrent* » (CE, 3 octobre 2008, *Smirgeomes*).

2. La décision du juge du référé précontractuel

a) Le délai pour statuer : 20 jours

Le juge du référé précontractuel statue dans un délai de 20 jours.

b) Les mesures susceptibles d'être prononcées

Le juge du référé précontractuel peut selon les cas :

- demander à l'auteur du manquement de se conformer à ses obligations en lui fixant un délai à cette fin ;

- enjoindre à l'auteur du manquement de suspendre l'exécution de toute décision se rapportant à la passation du contrat ;

- prononcer une astreinte provisoire courant à l'expiration des délais impartis ;

- annuler les décisions qui se rapportent à la passation du contrat et supprimer les clauses ou prescriptions destinées à figurer dans le contrat et qui méconnaissent les obligations de publicité et de mise en concurrence.

c) La possibilité d'un recours contre l'ordonnance du juge du référé précontractuel

L'ordonnance du juge du référé précontractuel est susceptible d'un recours en cassation devant le Conseil d'État, dans la quinzaine de sa notification (art. R. 551-6 du CJA).

B. Le référé contractuel

Il est prévu par les dispositions L. 551-13 à L. 551-23 du CJA.

1. L'exercice du référé contractuel

a) L'objet du référé contractuel: sanctionner les manquements aux obligations de publicité et de mise en concurrence

Il permet de sanctionner le non-respect des obligations de publicité et de mise en concurrence auxquelles est soumise la passation de certains contrats administratifs en saisissant le président du tribunal administratif, ou le magistrat qu'il délègue.

En principe, le recours n'est pas ouvert au demandeur ayant fait usage du référé précontractuel dès lors que le pouvoir adjudicateur ou l'entité adjudicatrice a respecté le délai de suspension du référé précontractuel et s'est conformé à la décision juridictionnelle rendue sur ce recours (art. L. 551-14 du CJA).

b) Les contrats susceptibles de faire l'objet d'un référé contractuel

Il s'agit des mêmes contrats que ceux susceptibles de faire l'objet d'un référé précontractuel (art. L. 551-13 du CJA).

c) La saisine du juge du référé contractuel

Les personnes habilitées à agir sont:

- celles qui ont un intérêt à conclure le contrat et qui sont susceptibles d'être lésées par des manquements aux obligations de publicité et de mise en concurrence auxquelles sont soumis les contrats;
- ainsi que le représentant de l'État dans le cas des contrats passés par une collectivité territoriale ou un établissement public local.

d) Les moyens invocables

Les moyens invocables sont limitativement énumérés par le législateur (art. L. 551-18 à L. 551-20 du CJA). Il s'agit, par exemple, de l'absence de mesures de publicité requises pour la passation des contrats.

2. La décision du juge du référé contractuel

a) Le délai pour statuer: un mois

Le juge du référé contractuel statue dans un délai d'un mois (art. R. 551-9 du CJA).

b) Les mesures susceptibles d'être prononcées

Le juge du référé contractuel peut selon les cas:

- suspendre l'exécution du contrat, pour la durée de l'instance, sauf s'il estime, en considération de l'ensemble des intérêts susceptibles d'être lésés et notamment de l'intérêt public, que les conséquences négatives de cette mesure pourraient l'emporter sur ses avantage;
- prononcer la nullité du contrat, le résilier, en réduire la durée ou imposer une pénalité financière.

c) La possibilité d'un recours contre l'ordonnance du juge du référé contractuel

L'ordonnance du juge du référé contractuel est susceptible d'un recours en cassation devant le Conseil d'État, dans la quinzaine de sa notification (art. R. 551-10 du CJA).

II. LE RECOURS POUR EXCÈS DE POUVOIR

A. L'impossibilité d'exercer un recours pour excès de pouvoir contre les contrats

1. Le principe

En principe, le recours pour excès de pouvoir n'est possible qu'à l'encontre des actes unilatéraux.

2. Les exceptions

Le recours pour excès de pouvoir est cependant admis à l'encontre des:

- clauses réglementaires des contrats (CE, 10 juillet 1996, Cayzeele);
- contrats de recrutement des agents publics (CE, 30 octobre 1998, Ville de Lisieux).

B. Le possible recours pour excès de pouvoir contre les actes détachables du contrat

1. La consécration de la théorie des actes détachables: la jurisprudence Martin

Par son arrêt *Martin* rendu le 4 août 1905, le Conseil d'État admet la possibilité d'exercer un recours contre les actes détachables du contrat – décision de signer le contrat, mesures d'approbation du contrat, etc.

2. La portée contemporaine de la jurisprudence Martin

Depuis la création au profit des tiers du recours en contestation de validité du contrat, la théorie des actes détachables ne joue actuellement que dans trois hypothèses, soit pour:

- les recours exercés par les tiers contre les actes détachables des contrats de droit privé de l'administration;
- les recours exercés par le préfet dans le cadre du déféré préfectoral;
- les recours exercés par les tiers contre certains actes détachables autres que la décision portant sur le choix du cocontractant, la délibération autorisant la conclusion du contrat et la décision de signer (CE, 4 avril 2014, *Département de Tarn-et-Garonne*). Par exemple, il peut s'agir de l'acte administratif portant approbation du contrat (CE, 23 décembre 2016, *Association ATTAC Montpellier et autre*).

III. LE RECOURS DE PLEIN CONTENTIEUX EN CONTESTATION DE LA VALIDITÉ DU CONTRAT

A. Le recours des parties

Les parties à un contrat administratif peuvent saisir le juge d'un recours de plein contentieux contestant la validité du contrat qui les lie (CE, 28 décembre 2009, *Commune de Béziers dit « Béziers I »*). Lorsqu'il constate l'existence d'irrégularités, le juge doit en apprécier l'importance et les conséquences, après avoir vérifié que les irrégularités dont se prévalent les parties sont de celles qu'elles peuvent, eu égard à l'exigence de loyauté des relations contractuelles, invoquer devant lui. Après avoir pris en considération la nature de l'illégalité commise et en tenant compte de l'objectif de stabilité des relations contractuelles, le juge peut soit :

- décider que la poursuite de l'exécution du contrat est possible, éventuellement sous réserve de mesures de régularisation prises par la personne publique ou convenues entre les parties ;
- prononcer la résiliation du contrat, le cas échéant avec un effet différé, après avoir vérifié que sa décision ne portera pas une atteinte excessive à l'intérêt général ;
- prononcer l'annulation du contrat en raison d'une irrégularité invoquée par une partie ou relevée d'office par lui, tenant au caractère illicite du contenu du contrat ou à un vice d'une particulière gravité relatif notamment aux conditions dans lesquelles les parties ont donné leur consentement.

B. Le recours des tiers

La jurisprudence administrative a autorisé les tiers à exercer un recours aux fins de contester la validité du contrat – ou de certaines de ses clauses non réglementaires qui en sont divisibles – dans le cadre du recours de pleine juridiction.

1. Les tiers susceptibles d'exercer le recours

L'arrêt *Département de Tarn-et-Garonne* rendu par le Conseil d'État le 4 avril 2014 conduit à distinguer entre deux types de tiers.

a) Les tiers privilégiés

Les tiers privilégiés sont ceux dont la seule qualité leur permet de contester la validité du contrat. Il s'agit :

- des « *membres de l'organe délibérant de la collectivité territoriale ou du groupement de collectivités territoriales concerné* », comme les conseillers municipaux ou régionaux ;
- du représentant de l'État dans le département, c'est-à-dire du préfet dans le cadre du déféré préfectoral.

b) Les tiers ordinaires

À côté des tiers privilégiés, les autres tiers doivent démontrer qu'ils sont susceptibles d'être lésés dans leurs intérêts de façon suffisamment directe et certaine par la passation ou les clauses du contrat.

2. Les moyens susceptibles d'être invoqués par les tiers

Les moyens invocables diffèrent selon la qualité du tiers. Si le représentant de l'État peut invoquer tout moyen, les autres tiers ne peuvent invoquer que deux sortes de vices :

- « *des vices en rapport direct avec l'intérêt lésé dont ils se prévalent* » ;
- « *ceux d'une gravité telle que le juge devrait les relever d'office* ».

3. Les pouvoirs du juge

Le juge peut soit :

- décider que la poursuite de l'exécution du contrat est possible ;
- inviter les parties à prendre des mesures de régularisation dans un délai qu'il fixe, sauf à résilier ou résoudre le contrat ;
- prononcer la résiliation du contrat, le cas échéant avec un effet différé, après avoir vérifié que sa décision ne portera pas une atteinte excessive à l'intérêt général ;
- annuler totalement ou partiellement le contrat s'il a un contenu illicite ou s'il se trouve affecté d'un vice de consentement ou de tout autre vice d'une particulière gravité devant être relevé d'office ;
- accorder une indemnisation pour réparer le préjudice découlant de l'atteinte à des droits lésés.

4. Le délai de recours

« *Ce recours doit être exercé, y compris si le contrat contesté est relatif à des travaux publics, dans un délai de deux mois à compter de l'accomplissement des mesures de publicité appropriées, notamment au moyen d'un avis mentionnant à la fois la conclusion du contrat et les modalités de sa consultation dans le respect des secrets protégés par la loi* » (CE, 4 avril 2014, *Département de Tarn-et-Garonne*).

Fiche 26

L'EXÉCUTION DES CONTRATS ADMINISTRATIFS

I. LES PRÉROGATIVES DE L'ADMINISTRATION

A. Le pouvoir de contrôle et de direction

1. Un pouvoir prévu par les textes ou les contrats

En règle générale, ce droit de contrôle et de direction est prévu par les textes – tel est le cas, par exemple, de l'article L. 1411-3 du CGCT – ou les contrats eux-mêmes.

2. Un pouvoir existant même sans être prévu ?

Classiquement, pour la doctrine, « *dans tous les contrats administratifs, l'administration possède un certain droit de contrôle qui est, pour elle, un droit originaire […]. Il existe même dans le silence du contrat. Le contrat peut éventuellement l'organiser; il ne peut le supprimer. Le droit de contrôle est d'ordre public et de l'essence même du contrat administratif* » (doyen Georges Péquignot). Toutefois, la jurisprudence n'a jamais confirmé cette affirmation.

B. Le pouvoir de modification unilatérale

Il s'agit du pouvoir de l'autorité administrative, partie au contrat, de prendre une mesure qui s'applique exclusivement et directement au contrat. Ce pouvoir de modification unilatérale constitue « *un élément de la théorie générale des contrats administratifs* » (Bruno Genevois).

1. La consécration jurisprudentielle

C'est au début du XXe siècle que le juge administratif consacre le pouvoir de modification unilatérale du contrat à propos des contrats de concessions de service public (CE, 10 janvier 1902, *Compagnie nouvelle du gaz de Deville-lès-Rouen* et CE, 11 mars 1910, *Compagnie générale française des tramways*). Depuis lors, la jurisprudence administrative a confirmé que ce pouvoir faisait partie « *des règles générales applicables aux contrats administratifs* » (CE, 2 février 1983, *Union des transports publics urbains et régionaux*).

2. Les conditions d'exercice du pouvoir de modification unilatérale du contrat

a) Des modifications justifiées par l'intérêt général

Ce pouvoir doit être mis en œuvre uniquement en vue de satisfaire « *l'intérêt public* » (CE, 11 mars 1910, *Compagnie générale française des tramways*). Par conséquent, seules les clauses intéressant l'organisation et le fonctionnement du service public sont susceptibles d'être modifiées. Aussi, les clauses financières sont-elles en principe intangibles (CE, 11 juillet 1941, *Hôpital-hospice de Chauny*).

b) Des modifications compatibles avec le mode de gestion choisi et préservant l'objet du contrat

Les modifications apportées ne doivent pas:

- « *être incompatibles avec le mode de gestion choisi* » (CE, 2 février 1983, *Union des transports publics urbains et régionaux*);
- et affecter l'objet du contrat.

c) L'absence de bouleversement de l'économie du contrat

Les modifications apportées ne doivent pas bouleverser l'économie du contrat (CE, 27 octobre 2010, *Syndicat intercommunal des transports publics de Cannes, Le Cannet, Mandelieu-la-Napoule*).

d) La contrepartie financière due au cocontractant de l'administration

Une contrepartie financière est due au cocontractant de l'administration afin de compenser les pertes subies et les gains manqués (CE, 27 octobre 1978, *Ville de Saint-Malo*). Il s'agit de rétablir l'équilibre financier du contrat. En cas de refus, l'administration commet une faute de nature à justifier la résiliation du contrat à ses torts (CE, 12 mars 1999, *SA Méribel 92*).

C. Le pouvoir de résiliation unilatérale

1. La distinction entre la résiliation unilatérale et la résiliation-sanction

La résiliation unilatérale du contrat est réalisée dans l'intérêt du service et doit être distinguée de la résiliation prononcée à titre de sanction. La résiliation unilatérale permet à l'administration contractante de résilier unilatéralement le contrat en dehors de toute faute commise par son cocontractant lorsque cette résiliation est justifiée par un motif d'intérêt général.

2. La portée du pouvoir de résiliation unilatérale du contrat

a) Un pouvoir applicable à tous les contrats administratifs

Le pouvoir de résiliation unilatérale du contrat existe, « *en tout état de cause, en vertu des règles applicables aux contrats administratifs* » (CE, 2 mai 1958, *Distillerie de Magnac-Laval*). Il s'applique donc à l'égard de tous les contrats administratifs, y compris lorsque deux personnes publiques sont parties au contrat (CE, 27 février 2015, *Commune de Béziers*, dit « *Béziers III* »).

b) Un pouvoir devant être justifié par un motif d'intérêt général

La résiliation unilatérale du contrat doit être justifiée par un motif d'intérêt général. Tel est le cas, par exemple, de l'autorité concédante qui résilie une concession d'occupation du domaine public en faisant état de son intention de soumettre le futur exploitant de l'activité d'hôtellerie et de restauration à des obligations de service public tenant notamment aux horaires et jours d'ouverture de l'hôtel-restaurant situé sur le domaine public (CE, 19 janvier 2011, *Commune de Limoges*).

3. L'indemnisation du cocontractant de l'administration

Une contrepartie financière est normalement due au cocontractant de l'administration afin de compenser les pertes subies et les gains manqués (CE, 31 juillet 1996, *Société des téléphériques du massif du Mont-Blanc*).

D. Le pouvoir de sanction

L'administration partie au contrat peut infliger au cocontractant fautif une sanction (CE, 31 mai 1907, *Deplanque*) après mise en demeure et dans le respect des droits de la défense.

1. Les sanctions susceptibles d'être prononcées par l'administration

L'administration peut prononcer :

- des sanctions pécuniaires ;
- des sanctions coercitives, c'est-à-dire des sanctions qui sont destinées à garantir l'exécution du contrat grâce à des moyens de contraintes (par exemple, la poursuite des travaux peut être ordonnée aux frais et risques du cocontractant défaillant. Cf. l'art. 48 de l'arrêté du 8 septembre 2009 portant approbation du cahier des clauses administratives générales applicables aux marchés publics de travaux) ;
- la résiliation-sanction ou résiliation pour faute du contrat (CE, 21 mars 1986, *Maurice Meyrignac c/ Commune de Vaux-le-Pénil* à propos d'un important retard dans l'exécution d'un marché relatif à la construction d'un groupe scolaire).

2. Le contrôle juridictionnel

Le juge administratif vérifie que les sanctions prononcées sont justifiées. Par exemple, la résiliation du contrat à la suite d'un simple désaccord entre les cocontractants sur les modalités d'exécution des travaux à mettre en œuvre pour mener le chantier à bonne fin a été jugée abusive (CE, 27 juin 1986, *Syndicat intercommunal du bassin d'Arcachon Siba*). Le cocontractant de l'administration pourra alors être indemnisé du préjudice subi. Saisi par une partie d'un recours de plein contentieux contestant la validité d'une mesure de résiliation, le juge pourra également faire droit à une demande de reprise des relations contractuelles (CE, 21 mars 2011, *Commune de Béziers*, dit « *Béziers II* »).

II. LES DROITS DU COCONTRACTANT

En cas de rupture de l'équilibre financier du contrat, le cocontractant de l'administration a droit en principe à une compensation financière. La rupture de l'équilibre financier du contrat peut ou non être imputable à la volonté de l'administration contractante. Par ailleurs, et depuis 2014, la jurisprudence administrative admet la possibilité pour le cocontractant de l'administration de lui opposer l'exception d'inexécution.

A. Le fait du prince

Ici, la rupture de l'équilibre financier du contrat est imputable à la volonté de l'administration contractante. Elle peut résulter :

- soit d'une modification directe du contrat par l'administration contractante ;
- soit d'une modification indirecte du contrat par l'administration contractante. Par exemple, il peut s'agir d'une mesure de police qui aggrave la situation du cocontractant de l'administration.

Le fait du prince ouvre droit à une indemnisation intégrale du préjudice subi par le cocontractant de l'administration afin de rétablir l'équilibre financier du contrat.

B. L'imprévision

Ici, la rupture de l'équilibre financier du contrat est étrangère à la volonté de l'administration.

1. La consécration de la théorie

a) La consécration en droit administratif : l'arrêt « **Gaz de Bordeaux** *»*

La théorie jurisprudentielle de l'imprévision a été élaborée par le Conseil d'État dans son arrêt *Compagnie générale d'éclairage de Bordeaux* dit « *Gaz de Bordeaux* » du 30 mars 1916. Cette théorie permet au cocontractant de l'administration de bénéficier d'un concours financier lorsque des circonstances imprévisibles bouleversent l'équilibre financier du contrat.

b) La consécration en droit privé : l'article 1195 du code civil

Pendant longtemps, la théorie de l'imprévision était exclue en droit privé, la Cour de cassation jugeant qu'« *il n'appartient aux tribunaux, quelque équitable que puisse leur paraître leur décision, de prendre en considération le temps et les circonstances pour modifier les conventions des parties et substituer des clauses nouvelles à celles qui ont été librement acceptées par les contractants* » (Cass., civ., 6 mars 1876, *Canal de Craponne*). L'ordonnance n° 2016-131 du 10 février 2016 portant réforme du droit des contrats, du régime général et de la preuve des obligations consacre la théorie de l'imprévision à l'article 1195 du code civil.

2. Les conditions d'ouverture du droit à l'indemnité

a) La survenance d'un événement imprévisible et extérieur à la volonté des parties

L'événement qui rompt l'équilibre du contrat doit être :

- imprévisible et peut résulter notamment d'un aléa naturel (par exemple, un séisme ou une inondation) ou d'un aléa économique (par exemple, la hausse du prix du charbon qui est la matière première de la fabrication du gaz dans l'affaire du « *Gaz de Bordeaux* » ou le choc pétrolier de 1973 dans l'affaire *Société Propétrol*) ;
- étranger à la volonté des parties contractantes. En effet, si la perte subie par le cocontractant est imputable à sa propre faute, il n'a droit

à aucune indemnité. En revanche, si la perte subie est imputable à l'administration contractante, c'est la théorie du fait du prince qui s'applique.

b) Le bouleversement de l'économie du contrat

Il faut que l'événement bouleverse l'économie du contrat, c'est-à-dire qu'il entraîne :

- un déficit ;
- et le dépassement du prix-limite fixé par les parties à propos de l'évolution des coûts.

Ce bouleversement doit présenter un caractère temporaire. S'il est définitif, il constitue un cas de force majeure justifiant la résiliation du contrat (CE, 9 décembre 1932, *Compagnie des tramways de Cherbourg* et CE, 14 juin 2000, *Commune de Staffelfelden*).

c) La poursuite de l'exécution du contrat par le cocontractant de l'administration

Le cocontractant doit continuer à exécuter le contrat. S'il arrête l'exécution du contrat, il commet une faute de nature à engager sa responsabilité (CE, 5 novembre 1982, *Société Propetrol*).

3. Les modalités de calcul de l'indemnité d'imprévision

À défaut d'accord entre les parties, l'indemnité d'imprévision est fixée par le juge. À la différence de ce qui se passe en matière de fait du prince, seul le déficit sera pris en considération et non pas le manque à gagner. En outre, une partie de la charge extracontractuelle – généralement fixée par le juge à 5 % ou 10 % – doit être supportée par le cocontractant de l'administration.

C. L'exception d'inexécution

Le principe selon lequel le cocontractant lié à une personne publique par un contrat administratif est tenu d'en assurer l'exécution demeure. Toutefois, depuis son arrêt *Société Grenke Location* rendu le 8 octobre 2014, le Conseil d'État admet de façon conditionnée que le cocontractant de l'administration puisse opposer à cette dernière l'exception d'inexécution.

1. Le champ d'application

a) Une clause prévoyant l'exception d'inexécution

Le cocontractant de la personne publique pourra lui opposer l'exception d'inexécution seulement si une telle possibilité est prévue au contrat.

b) L'objet du contrat

Le contrat ne doit pas avoir pour objet l'exécution même du service public sauf à méconnaître le principe de continuité du service public.

2. Les conditions de mise en œuvre

a) La possibilité pour l'administration de s'opposer à l'exception d'inexécution

Le cocontractant de l'administration ne peut procéder à la résiliation sans avoir mis à même, au préalable, cette dernière de s'opposer à la rupture des relations contractuelles pour un motif d'intérêt général, tiré notamment des exigences du service public.

b) L'existence d'un motif d'intérêt général s'opposant à l'exception d'inexécution

Lorsque le cocontractant de l'administration se voit opposer un motif d'intérêt général, il doit poursuivre l'exécution du contrat. Un manquement de sa part à cette obligation est de nature à entraîner la résiliation du contrat à ses torts exclusifs. Il est toutefois loisible au cocontractant de contester devant le juge le motif d'intérêt général qui lui est opposé afin d'obtenir la résiliation du contrat.

Fiche 27

LE CONTENTIEUX DE L'EXÉCUTION DES CONTRATS ADMINISTRATIFS

I. LE PLEIN CONTENTIEUX OUVERT AUX PARTIES

Le contentieux de pleine juridiction constitue « *la terre d'élection des contestations contractuelles entre parties contractantes* » (Benoît PLESSIX).

A. Le principe : l'application du contrat

Lorsqu'il est saisi par les parties d'un litige relatif à l'exécution du contrat qui les lie, le juge administratif du contrat doit en principe faire application du contrat (CE, 28 décembre 2009, *Commune de Béziers dit « Béziers I »*). Le juge prend alors en compte l'exigence de loyauté des relations contractuelles pour déterminer si le litige doit être réglé sur le terrain de la responsabilité contractuelle. Le juge du contrat pourra :

- prononcer des condamnations pécuniaires en cas de manquement des parties à leurs obligations contractuelles ;
- prononcer la résiliation du contrat lorsque son économie est définitivement bouleversée ;
- ordonner la reprise des relations contractuelles en cas de résiliation (CE, 21 mars 2011, *Commune de Béziers*, dit « *Béziers II* »).

B. L'exception : le contrat écarté

Toutefois, dans le cas seulement où le juge constate une irrégularité invoquée par une partie ou relevée d'office par lui, tenant au caractère illicite du contenu du contrat ou à un vice d'une particulière gravité relatif notamment aux conditions dans lesquelles les parties ont donné leur consentement, il doit écarter le contrat et ne peut régler le litige sur le terrain contractuel (CE, 28 décembre 2009, *Commune de Béziers dit « Béziers I »*). C'est dire que le litige sera réglé sur le terrain extracontractuel ou quasi-contractuel.

II. LES RECOURS OUVERTS AUX TIERS

A. Le recours pour excès de pouvoir

Est ouverte aux tiers la voie du recours pour excès de pouvoir pour:

- le contentieux des clauses réglementaires d'un contrat;
- le contentieux des actes détachables du contrat relatifs à son exécution. Sont essentiellement des actes détachables du contrat, ceux qui concernent la réalisation ou la modification du contrat.

B. Le recours de pleine juridiction

Un tiers à un contrat administratif susceptible d'être lésé dans ses intérêts de façon suffisamment directe et certaine par une décision refusant de faire droit à sa demande de mettre fin à l'exécution du contrat, est recevable à former devant le juge du contrat un recours de pleine juridiction tendant à ce qu'il soit mis fin à l'exécution du contrat. Il appartient au juge du contrat d'apprécier si les moyens soulevés sont de nature à justifier qu'il y fasse droit et d'ordonner après avoir vérifié que sa décision ne portera pas une atteinte excessive à l'intérêt général, qu'il soit mis fin à l'exécution du contrat, le cas échéant avec un effet différé (CE, 30 juin 2017, *Syndicat mixte de promotion de l'activité transmanche*).

PARTIE III

LES LIMITES DE L'ACTION ADMINISTRATIVE

TITRE I

LE PRINCIPE DE LÉGALITÉ

Fiche 28

LE BLOC DE CONSTITUTIONNALITÉ

La Constitution – au sens large – constitue une source écrite de la légalité qui s'impose à l'administration.

I. LA RECONNAISSANCE DE LA VALEUR CONSTITUTIONNELLE DU PRÉAMBULE DE LA CONSTITUTION

Le Préambule de la Constitution du 4 octobre 1958 renvoie à trois textes: la Déclaration des droits de l'homme et du citoyen du 26 août 1789, le Préambule de la Constitution de 1946 et la Charte de l'environnement de 2004 intégrée lors de la révision du 1er mars 2005 (loi constitutionnelle n° 2005-205). Les dispositions articulées de la Constitution du 4 octobre 1958 (art. 1er et s.) et le Préambule de la Constitution du 4 octobre 1958 ont valeur constitutionnelle ainsi que l'ont reconnu le juge administratif et le Conseil constitutionnel.

A. La position du juge administratif

1. Sous la IVe République

Sous la IVe République, le Conseil d'État applique le Préambule de la Constitution de 1946. Il en va ainsi dans son arrêt *Dehaene* du 7 juillet 1950 concernant la réglementation du droit de grève dans les services publics.

2. Sous la Ve République

a) L'application médiatisée du Préambule

Dans son arrêt *Syndicat général des ingénieurs-conseils* du 26 juin 1959, le Conseil d'État juge que « *les principes généraux du droit [...], résultant notamment du préambule de la Constitution, s'imposent à toute autorité réglementaire même en l'absence de dispositions législative* ».

b) L'application directe des textes du Préambule

Dans son arrêt *Société Éky* du 12 février 1960, le Conseil d'État fait une application directe du Préambule et, en particulier, de l'article 8 de la Déclaration de 1789 relatif au principe de non-rétroactivité. Plus explicitement, dans son arrêt *Commune d'Annecy* du 3 octobre 2008, le Conseil d'État a rappelé que les dispositions de la Charte de l'environnement, « *à l'instar de toutes celles qui procèdent du Préambule de la Constitution, ont valeur constitutionnelle* ».

B. La position du Conseil constitutionnel

1. La consécration de la valeur constitutionnelle du Préambule

Dans le prolongement de sa décision n° 70-39 DC du 19 juin 1970 au visa annonciateur – « *Vu la Constitution et notamment son préambule* » –, le Conseil constitutionnel consacre la valeur constitutionnelle du Préambule dans sa décision *Liberté d'association* du 16 juillet 1971 en appliquant la catégorie juridique des principes fondamentaux reconnus par les lois de la République (Cons. const., décision n° 71-44 DC). En outre, par cette décision, le Conseil fait désormais un contrôle substantiel de la conformité de la loi à la Constitution en veillant au respect des droits et libertés constitutionnellement garantis.

2. La confirmation de la valeur constitutionnelle du Préambule

a) L'application de la Déclaration de 1789

Dans sa décision *Taxation d'office* du 27 décembre 1973 (Cons. const., décision n° 73-51 DC), le Conseil constitutionnel fait pour la première fois application de la Déclaration de 1789.

b) L'application de la Charte de l'environnement

Dans sa décision *OGM* du 19 juin 2008 (Cons. const., décision n° 2008-564 DC), le Conseil juge que les dispositions de la Charte de l'environnement ont valeur constitutionnelle.

II. LE REFUS DU JUGE ADMINISTRATIF DE CONTRÔLER LA CONSTITUTIONNALITÉ DES LOIS

A. Le refus

1. L'affirmation du refus

À l'instar du juge judiciaire (Cass., crim. 11 mai 1833, *Paulin*), le juge administratif se refuse à contrôler la constitutionnalité d'une loi (CE, 6 novembre 1936, *Arrighi* et CE, 5 mars 1999, *Rouquette*).

2. La conséquence du refus : l'écran législatif

S'il appartient au juge administratif d'annuler un acte administratif contraire à la Constitution, c'est sous réserve que cet acte n'ait pas été pris sur le fondement d'une loi (par exemple, CE, 28 janvier 1972, *Conseil transitoire de la faculté des lettres de Paris*). En effet, dans cette hypothèse, la loi « *fait écran* » entre cet acte et la Constitution, car juger un tel acte contraire à la Constitution reviendrait implicitement à admettre l'inconstitutionnalité de la loi.

B. Les tempéraments

1. L'écran législatif transparent

L'écran est transparent lorsque la loi habilite l'administration à intervenir sans dicter aucun principe à mettre en œuvre (CE, 17 mai 1991, *Quintin*). Dans ce cas, le contrôle de la constitutionnalité de l'acte administratif n'implique pas nécessairement un contrôle de la constitutionnalité de la loi.

2. L'abrogation implicite de la loi

Il revient au juge administratif de constater l'abrogation de dispositions législatives qui découle de ce que leur contenu est inconciliable avec un texte qui leur est postérieur, que celui-ci ait valeur législative ou constitutionnelle (CE, 16 décembre 2005, *Syndicat national des huissiers de justice*).

3. La transmission des QPC au Conseil constitutionnel

Le mécanisme de la question prioritaire de constitutionnalité (QPC) institué avec la révision constitutionnelle du 23 juillet 2008 (art. 61-1 de la Constitution) fait échec à la théorie de l'écran législatif. En effet, le Conseil d'État peut renvoyer au Conseil constitutionnel une QPC portant sur une disposition législative dont le requérant soutient qu'elle porte atteinte aux droits et libertés constitutionnellement garantis. En statuant sur le renvoi de la QPC au Conseil constitutionnel (loi organique n° 2009-1523 du 10 décembre 2009), le Conseil d'État apprécie nécessairement la constitutionnalité de la disposition législative litigieuse. Il ne devient pas pour autant un juge constitutionnel à part entière puisqu'il ne dispose pas de la sanction de l'inconstitutionnalité.

Fiche 29

LE « BLOC DE CONVENTIONNALITÉ »

I. LE DROIT INTERNATIONAL

A. Les conditions d'applicabilité des engagements internationaux dans l'ordre juridique interne

1. Les conditions résultant de l'article 55 de la Constitution

Pour constituer une source de la légalité, les traités ou accords internationaux doivent :

- avoir été ratifiés ou approuvés (CE, 18 avril 1951, *Élections de Nolay*). Le juge administratif vérifie le respect par l'exécutif des dispositions constitutionnelles (art. 53) qui exigent que, pour certains traités, la ratification soit autorisée par le Parlement (CE, 18 décembre 1998, *SARL du parc d'activités de Blotzheim*) ;

- avoir été publiés au Journal officiel de la République française (CE, 11 décembre 1959, *Commissaire du Gouvernement près la commission de répartition de l'indemnité des nationalisations tchécoslovaques*) ;

- donner lieu à une application réciproque par l'autre État partie. C'est le juge administratif qui contrôle le respect de cette condition de réciprocité (CE, 9 juillet 2010, *Mme Cheriet-Benseghir*). Par ailleurs, cette condition ne s'applique pas aux engagements internationaux relatifs à la protection des droits fondamentaux (Cons. const., décision n° 98-408 DC du 22 janvier 1999, *Traité portant statut de la Cour pénale internationale*).

2. La condition prétorienne de l'effet direct

a) La définition

Ont un effet direct les stipulations d'un traité ou d'un accord régulièrement introduit dans l'ordre juridique interne qui créent des droits dont les particuliers peuvent directement se prévaloir.

b) L'appréciation de l'effet direct par le juge

Deux conditions cumulatives doivent être remplies pour qu'une stipulation revête un effet direct :

- d'une part, elle ne doit pas avoir pour objet exclusif de régir les relations entre États ;

- et, d'autre part, elle ne doit pas nécessiter l'intervention d'un acte complémentaire pour produire des effets à l'égard des particuliers.

Pour apprécier ces deux conditions, le juge administratif prend en considération, l'intention exprimée des parties, l'économie générale du traité invoqué, ainsi que son contenu et ses termes (CE, 11 avril 2012, *GISTI et FAPIL*).

B. L'absence de primauté des engagements internationaux sur la Constitution

La Constitution est au sommet de l'ordre juridique interne. Elle est donc supérieure aux engagements internationaux. C'est ce qu'affirment :

- le Conseil constitutionnel (Cons. const., décision n° 2007-560 DC du 20 décembre 2007, « *Traité de Lisbonne* ») ;
- le juge administratif (CE, 30 octobre 1998, *M. Sarran, M. Levacher et autres*) ;
- et le juge judiciaire (Cass., Ass. Plén., 2 juin 2000, *Mlle Fraisse*).

C. La primauté des engagements internationaux sur les lois

La primauté des engagements internationaux sur les lois n'a pas été étendue à la coutume internationale (CE, 6 juin 1997, *Aquarone*) ou aux principes généraux de droit international (CE, 28 juillet 2000, *Paulin*).

1. L'affirmation constitutionnelle du principe de primauté

a) Sous la IVe République

En vertu de l'article 26 de la Constitution du 27 octobre 1946, « *les traités diplomatiques régulièrement ratifiés et publiés ont force de loi dans le cas même où ils seraient contraires à des lois françaises, sans qu'il soit besoin pour en assurer l'application d'autres dispositions législatives que celles qui auraient été nécessaires pour assurer leur ratification* ».

b) Sous la Ve République

En vertu de l'article 55 de la Constitution du 4 octobre 1958, « *les traités ou accords régulièrement ratifiés ou approuvés ont, dès leur publication, une autorité supérieure à celle des lois, sous réserve, pour chaque accord ou traité, de son application par l'autre partie* ».

2. La reconnaissance par le juge administratif de la primauté des engagements internationaux

a) Le refus initial de reconnaître la primauté des engagements internationaux sur les lois postérieures

Le juge administratif a toujours accepté de faire prévaloir un traité sur une loi qui lui est antérieure. Il s'agit d'une application de l'adage « *lex posterior derogat priori* ». En revanche, dans son arrêt *Syndicat général des fabricants de semoules de France* du 1er mars 1968, le Conseil d'État refuse de faire prévaloir un traité sur une loi postérieure qui lui est contraire. En effet, écarter cette loi reviendrait à admettre indirectement l'inconstitutionnalité de celle-ci puisque toute loi contraire à un traité méconnaît les dispositions de l'article 55 de la

Constitution. Or, le juge administratif n'est pas compétent pour exercer un contrôle de constitutionnalité des lois.

b) La reconnaissance de la primauté des engagements internationaux sur les lois même postérieures

Dans sa décision *IVG* du 15 janvier 1975 (Cons. const., décision n° 74-54 DC), le Conseil constitutionnel juge qu'« *une loi contraire à un traité ne serait pas, pour autant, contraire à la Constitution* ». En outre, en raison de la différence de nature entre les contrôles de constitutionnalité et de conventionnalité des lois, le Conseil considère qu'il n'est pas compétent, lorsqu'il est saisi en application de l'article 61 de la Constitution, pour examiner la conformité d'une loi aux stipulations d'un traité ou d'un accord international.

Dans le prolongement de cette décision, les juges ordinaires ont admis la primauté des conventions internationales sur les lois même postérieures qui leur sont contraires (Cass., ch. mixte, 24 mai 1975, *Société des cafés Jacques Vabre* et CE, 20 octobre 1989, *Nicolo*). Récemment, le Conseil d'État a accepté de contrôler la conventionnalité des lois organiques dans la mesure où elles ne se bornent pas à tirer les conséquences nécessaires de dispositions constitutionnelles (CE, 6 avril 2016, Blanc et autres).

c) L'office du juge du référé au regard du contrôle de conventionnalité des lois

Abandonnant sa jurisprudence *Carminati* (CE, 30 décembre 2002), le Conseil d'État a admis récemment l'application de la jurisprudence *Nicolo* dans le cadre du référé-liberté (CE, 31 mai 2016, *Mme Gonzalez Gomez*). Le contrôle de conventionnalité des lois exercé par le juge du référé s'effectue en deux temps. Le juge vérifie :

- si la loi, prise dans son ensemble, n'est pas incompatible avec la convention (contrôle *in abstracto*) ;
- et si, dans certaines circonstances particulières, l'application de la loi ne serait pas incompatible avec les exigences résultant de cette convention (contrôle *in concreto*).

D. La primauté des engagements internationaux sur les décisions administratives

1. Sous la IVe République

Les décisions administratives doivent respecter les engagements internationaux, la violation d'un engagement international étant assimilé à la violation de la loi (CE, 30 mai 1952, *Dame Kirkwood*).

2. Sous la Ve République

La primauté des engagements internationaux sur les décisions administratives a été réaffirmée (par exemple, CE, 19 avril 1991, *Belgacem*).

II. LA SPÉCIFICITÉ DU DROIT DE L'UNION EUROPÉENNE

La spécificité du droit de l'Union européenne tient, d'une part, à la place particulière que lui accorde la Constitution et, d'autre part, aux principes de primauté et d'effet direct.

A. La place spécifique de l'ordre juridique de l'Union européenne dans l'ordre juridique interne

1. La consécration constitutionnelle de la spécificité de l'ordre juridique de l'Union européenne

En vertu de l'article 88-1 de la Constitution, « *la République participe à l'Union européenne, constituée d'États qui ont choisi librement d'exercer en commun certaines de leurs compétences en vertu du traité sur l'Union européenne et du traité sur le fonctionnement de l'Union européenne, tels qu'ils résultent du traité signé à Lisbonne le 13 décembre 2007* ». Est ainsi consacrée l'existence d'un ordre juridique de l'Union européenne intégré à l'ordre juridique interne et distinct de l'ordre juridique international (CE, 23 décembre 2011, *Eduardo José Kandyrine de Brito Paiva* et Cons. const., décision n° 2012-653 DC du 9 août 2012, *Traité sur la stabilité, la coordination et la gouvernance au sein de l'Union économique et monétaire*).

2. L'obligation constitutionnelle de transposition des directives

a) La consécration de l'obligation

Le Conseil constitutionnel (décision n° 2004-496 DC du 10 juin 2004, *Loi pour la confiance dans l'économie numérique*) et le juge administratif (CE, 8 février 2007, *Société Arcelor Atlantique et Lorraine*) ont déduit de l'article 88-1 de la Constitution que « *la transposition en droit interne d'une directive communautaire résulte d'une exigence constitutionnelle* ».

b) Le contrôle de constitutionnalité des lois de transposition

Le Conseil constitutionnel juge que son contrôle des lois de transposition des directives est doublement limité (décision n° 2006-540 DC du 27 juillet 2006, *Loi relative au droit d'auteur et aux droits voisins dans la société de l'information*). D'une part, la transposition d'une directive ne saurait aller à l'encontre d'une règle ou d'un principe inhérent à l'identité constitutionnelle de la France, sauf à ce que le constituant y ait consenti. D'autre part, le Conseil ne peut déclarer non conforme à l'article 88-1 de la Constitution qu'une disposition législative manifestement incompatible avec la directive qu'elle a pour objet de transposer.

c) Le contrôle de constitutionnalité des actes réglementaires transposant directement des directives

Le juge administratif contrôle la légalité externe (règles de compétence et de procédure) de l'acte réglementaire de transposition (CE, 8 février 2007, *Société Arcelor Atlantique et Lorraine*). En revanche, son contrôle de la légalité interne s'exerce selon des modalités particulières dans le cas où sont transposées des dispositions précises et inconditionnelles. Deux hypothèses sont à distinguer :

- s'il existe une règle ou un principe général du droit communautaire équivalent à la disposition ou au principe constitutionnel invoqué, le juge vérifie si la directive transposée est conforme à cette règle ou à ce principe général du droit communautaire. En l'absence de difficulté sérieuse, le moyen tiré de la méconnaissance de la disposition ou du principe de valeur constitutionnelle est écarté. Dans le cas contraire, le juge saisit la CJUE d'une question préjudicielle ;

- s'il n'existe pas de règle ou de principe général du droit communautaire équivalent à la disposition ou du principe constitutionnel invoqué, le juge contrôle directement la constitutionnalité des dispositions réglementaires contestées.

d) L'absence de contrôle de constitutionnalité des actes réglementaires réitérant des dispositions législatives de transposition

Le juge administratif refuse de contrôler la constitutionnalité des actes réglementaires qui se bornent à réitérer les dispositions législatives transposant une directive (CE, 6 décembre 2012, *Société Air Algérie*). Exercer un tel contrôle reviendrait à la contrôler la conformité de la loi à la Constitution.

e) Le contrôle de conventionnalité des lois de transposition

Au titre du contrôle de conventionalité d'une loi transposant une directive, le juge administratif s'est déjà prononcé sur la conformité de cette directive aux droits fondamentaux garantis par la convention européenne de sauvegarde des droits de l'homme et des libertés fondamentales (CESDH). En l'absence de difficulté sérieuse, le moyen tiré de la méconnaissance par la directive des stipulations de la CESDH est écarté. Dans le cas contraire, le juge administratif doit saisir la CJUE d'une question préjudicielle (CE, 10 avril 2008, *Conseil national des barreaux*).

B. La primauté et l'effet direct

1. La primauté du droit de l'Union

a) La consécration du principe par la CJUE

Le principe est posé dans l'arrêt *Costa contre Enel* rendu par le CJCE le 15 juillet 1964 : « *Issu d'une source autonome, le droit né du traité ne pourrait donc, en raison de sa nature spécifique originale, se voir judiciairement opposer un texte interne quel qu'il soit, sans perdre son caractère communautaire et sans que soit mise en cause la base juridique de la Communauté elle-même* ».

b) Les précisions ultérieures apportées par la CJUE

La CJCE a notamment apporté deux précisions en jugeant que :

- « *l'invocation d'atteintes portées, soit aux droits fondamentaux tels qu'ils sont formulés par la Constitution d'un État membre, soit aux principes d'une structure constitutionnelle nationale, ne saurait affecter la validité d'un acte de la Communauté ou son effet sur le territoire de cet État»* (CJCE, 17 décembre 1970, *Internationale Handelsgesellschaft*) ;

- « *le juge national chargé d'appliquer, dans le cadre de sa compétence, les dispositions du droit communautaire, a l'obligation d'assurer le plein effet de ces normes en laissant au besoin inappliquée, de sa propre autorité, toute disposition contraire de la législation nationale, même postérieure* » (CJCE, 9 mars 1978, *Simmenthal*).

c) La reconnaissance du principe par le juge administratif

Dans le prolongement de sa jurisprudence *Nicolo*, le juge administratif a admis la primauté de l'ensemble des actes du droit de l'Union sur les lois. Il en va ainsi s'agissant des :

- règlements (CE, 24 septembre 1990, *Boisdet*) ;
- directives (CE, 28 février 1992, *SA Rothmans International France et SA Philip Morris France*) ;
- ou encore des principes généraux de l'ordre juridique communautaire (CE, 3 décembre 2001, *Syndicat national de l'industrie pharmaceutique* et CE, 27 juin 2008, *Société d'exploitation des sources Roxane*).

d) Les conséquences du principe

En particulier, l'administration :

- a l'obligation, après l'expiration du délai de transposition imparti, de ne pas laisser subsister des dispositions réglementaires incompatibles avec les objectifs d'une directive (CE, 3 février 1989, *Compagnie Alitalia*) ;
- ne peut pas, après l'expiration du délai de transposition imparti, édicter des dispositions réglementaires qui seraient contraires aux objectifs d'une directive communautaire (CE, 3 février 1989, *Compagnie Alitalia*) ;
- doit refuser de prendre les mesures réglementaires d'application des lois contraires aux objectifs d'une directive (CE, 24 février 1999, *Association de patients de la médecine d'orientation anthroposophique*) ;
- ne peut pas, pendant le délai de transposition imparti, prendre des mesures de nature à compromettre sérieusement la réalisation du résultat prescrit par la directive (CE, 10 janvier 2001, *France nature environnement*) ;
- voit sa responsabilité engagée du fait de l'adoption d'un acte administratif contraire au droit de l'Union européenne (CE, 28 février 1992, *SA Rothmans International France et SA Philip Morris France*).

2. L'effet direct du droit de l'Union

a) La consécration du principe

Dans son arrêt *Van Gend et Loos* du 5 février 1963, la CJCE – devenue la CJUE – juge que « *le droit communautaire, indépendant de la législation des États membres, de même qu'il crée des charges dans le chef des particuliers, est aussi destiné à engendrer des droits qui entrent dans leur patrimoine juridique; [...] ceux-ci naissent non seulement lorsqu'une attribution explicite en est faite par le traité, mais aussi en raison d'obligations que le traité impose d'une manière bien définie tant aux particuliers qu'aux États membres et aux institutions communautaires* ». L'effet direct autorise donc « *les ressortissants des États membres à faire valoir des droits subjectifs que le juge doive sauvegarder* ».

b) La portée du principe

L'effet direct vaut tant à l'égard du droit originaire que du droit dérivé. Toutefois, sa portée est fonction du type d'acte concerné. Alors que les règlements ont nécessairement un effet direct (art. 288 du TFUE), les directives ne présentent un tel effet que lorsque le délai de transposition est expiré. C'est dire que tout justiciable peut invoquer, à l'appui d'un recours dirigé contre un acte administratif non réglementaire, les dispositions précises et inconditionnelles d'une directive, lorsque l'État n'a pas pris, dans les délais impartis par celle-ci, les mesures de transposition nécessaires (CE, 30 octobre 2009, *Mme Perreux*).

Fiche 30

LES SOURCES LÉGISLATIVES

I. LA TYPOLOGIE DES LOIS

« *La souveraineté nationale appartient au peuple qui l'exerce par ses représentants et par la voie du référendum* » (art. 3, alinéa 1er, de la Constitution du 4 octobre 1958).

A. Les lois adoptées par le peuple

1. Les différentes lois référendaires

Trois types de lois référendaires peuvent être adoptés par le peuple selon qu'est organisé :

- un référendum constituant (art. 89 de la Constitution) ;
- un référendum législatif (art. 11 de la Constitution) ;
- ou un référendum sur l'élargissement de l'Union européenne (art. 88-5).

Bien sûr, les lois constitutionnelles ont valeur constitutionnelle et font donc partie du bloc de constitutionnalité.

2. L'absence de contrôle de constitutionnalité des lois référendaires

Le Conseil constitutionnel n'a pas compétence pour se prononcer sur la conformité à la Constitution d'une loi adoptée par référendum (à propos des référendums organisés sur le fondement de l'article 11 de la Constitution : Cons. const., décisions nos 62-20 DC du 6 novembre 1962, *Loi relative à l'élection du président de la République au suffrage universel direct, adoptée par le référendum du 28 octobre 1962*, 92-313 DC du 23 septembre 1992, *Loi autorisant la ratification du traité sur l'Union européenne* et 2014-392 QPC du 25 avril 2014, *Province Sud de Nouvelle-Calédonie*).

B. Les lois votées par le Parlement

Selon l'article 24, alinéa 1er, « *le Parlement vote la loi* ». On distingue notamment les :

- lois organiques qui sont les lois auxquelles la Constitution confère le caractère de lois organiques. Elles sont votées et modifiées dans les conditions prévues par l'article 46 de la Constitution. Elles sont obligatoirement soumises au Conseil constitutionnel avant leur promulgation ;
- lois de finances qui déterminent les ressources et les charges de l'État (art. 34 de la Constitution) ;

- lois de financement de la sécurité sociale qui déterminent les conditions générales de son équilibre financier et, compte tenu de leurs prévisions de recettes, fixent ses objectifs de dépenses (art. 34 de la Constitution);
- les lois autorisant la ratification ou l'approbation de traités ou accords internationaux (art. 53 de la Constitution);
- lois de programmation qui déterminent les objectifs de l'action de l'État (art. 34 de la Constitution);
- lois ordinaires.

C. Les ordonnances ratifiées

« *Le Gouvernement peut, pour l'exécution de son programme, demander au Parlement l'autorisation de prendre par ordonnances, pendant un délai limité, des mesures qui sont normalement du domaine de la loi* » (art. 38 de la Constitution).

1. La loi d'habilitation

a) L'initiative

Seul le Gouvernement peut demander au Parlement l'autorisation de prendre par ordonnances, pendant un délai limité, des mesures qui sont normalement du domaine de la loi. Cette demande prend la forme soit d'un projet de loi soit d'un amendement gouvernemental à une proposition de loi.

b) Le contenu de la loi

Afin de justifier la demande qu'il présente, le Gouvernement doit indiquer avec précision au Parlement la finalité des mesures qu'il se propose de prendre par voie d'ordonnances ainsi que leur domaine d'intervention (Cons. const., décision n° 99-421 DC du 16 décembre 1999, *Loi portant habilitation du Gouvernement à procéder, par ordonnances, à l'adoption de la partie législative de certains codes*. Pour un exemple de censure pour l'imprécision d'une habilitation, voir Cons. const., décision n° 2016-745 DC du 26 janvier 2017, *Loi relative à l'égalité et à la citoyenneté*). En revanche, le Gouvernement n'est pas tenu de faire connaître au Parlement la teneur des ordonnances qu'il prendra en vertu de cette habilitation (Cons. const., décision n° 99-421 DC du 16 décembre 1999 précitée).

2. Les pouvoirs du Gouvernement dans le délai d'habilitation

Une fois la loi d'habilitation votée et promulguée, et dans le délai d'habilitation conféré au Gouvernement, ce dernier est autorisé à légiférer par voie d'ordonnance. En ce sens, il peut notamment modifier ou abroger des lois antérieures.

3. Les pouvoirs du Gouvernement à l'expiration du délai d'habilitation

Après l'expiration du délai d'habilitation, les dispositions de nature législative adoptées par ordonnance ne peuvent plus, être modifiées ou abrogées que par le législateur ou sur le fondement d'une nouvelle habilitation qui serait donnée au Gouvernement (CE, 11 décembre 2006, *Conseil national de l'ordre des médecins*). En revanche, les dispositions de nature réglementaire figurant dans une ordonnance non encore ratifiée peuvent être modifiées par décret en Conseil d'État et délibéré en Conseil des ministres (CE, 30 juin 2003, *Fédération régionale ovine du Sud-Est et autres*).

4. La valeur juridique des ordonnances

a) L'absence de dépôt d'un projet de loi de ratification dans le délai prévu par la loi d'habilitation

Si aucun projet de loi de ratification n'est déposé devant le Parlement avant la date fixée par la loi d'habilitation, l'ordonnance devient caduque.

b) Le dépôt d'un projet de loi de ratification dans le délai prévu par la loi d'habilitation

Si un projet de loi de ratification est déposé devant le Parlement avant la date fixée par la loi d'habilitation, l'ordonnance demeure en vigueur. Sa valeur juridique dépend de l'adoption du projet de loi de ratification :

- s'il est adopté, elle revêt une valeur législative ;
- s'il n'est pas adopté, elle devient caduque ;
- s'il n'est pas examiné, elle conserve le caractère d'un acte administratif.

II. LE DOMAINE DE LA LOI

A. La définition du domaine de la loi par l'article 34 de la Constitution

Les constituants de 1958 ont fait un effort certain pour définir le domaine de la loi. En ce sens, l'article 34 énumère les matières qui relèvent de la compétence législative. Dans ces matières, le Parlement fixe les règles ou détermine les principes fondamentaux.

1. Les matières dans lesquelles la loi fixe les règles

L'article 34 de la Constitution énumère les matières dans lesquelles la loi doit fixer les règles. Sont visés, par exemple, les droits civiques et les garanties fondamentales accordées aux citoyens pour l'exercice des libertés publiques, la nationalité, l'état et la capacité des personnes, les régimes matrimoniaux, les successions et libéralités, la détermination des crimes et délits ainsi que les peines qui leur sont applicables, la procédure pénale, l'amnistie ou encore la création de nouveaux ordres de juridiction et le statut des magistrats.

2. Les matières dans lesquelles la loi détermine les principes fondamentaux

L'article 34 de la Constitution énumère les matières dans lesquelles la loi doit déterminer les principes fondamentaux. Sont visés, par exemple, l'organisation générale de la défense nationale, la libre administration des collectivités territoriales, de leurs compétences et de leurs ressources, l'enseignement, ou encore la préservation de l'environnement.

3. L'absence de portée juridique de la distinction

Il a été soutenu, d'une part, qu'en fixant les règles le législateur devait légiférer dans le détail et, d'autre part, qu'en déterminant les principes fondamentaux, le législateur devait légiférer de façon plus superficielle. Cette distinction n'a pas de portée juridique. En effet, le Conseil constitutionnel a jugé que lorsque le législateur fixe les règles des matières énumérées par l'article 34 de la Constitution, il lui appartient seulement de fixer les éléments déterminants de ces règles (Cons. const., décision n° 59-1 L du 27 novembre 1959). C'est dire que l'intervention du pouvoir législatif n'est jamais exclusive de celle du pouvoir réglementaire d'exécution des lois.

B. L'extension du domaine de la loi

1. La compétence du législateur fondée sur d'autres dispositions constitutionnelles

Outre l'article 34 de la Constitution, certaines dispositions constitutionnelles reconnaissent au profit du législateur une compétence d'attribution. Tel est le cas, par exemple :

- du second alinéa de l'article 1er de la Constitution qui prévoit que « *la loi favorise l'égal accès des femmes et des hommes aux mandats électoraux et fonctions électives, ainsi qu'aux responsabilités professionnelles et sociales* » ;
- ou du second alinéa de l'article 36 de la Constitution concernant la prorogation de l'état de siège.

2. La compétence du législateur pour déroger à un principe général du droit

Le législateur est compétent pour déroger à un principe général de notre droit (Cons. const., décision n° 69-55 L du 26 juin 1969, *Protection des sites* à propos du principe général du droit selon lequel le silence gardé par l'administration vaut décision de rejet).

3. La possibilité pour le législateur de légiférer dans le domaine du pouvoir réglementaire autonome

a) La solution jurisprudentielle

Dans sa décision *Blocage des prix et des revenus* du 30 juillet 1982 (Cons. const., décision n° 82-143 DC), le Conseil constitutionnel juge qu'une disposition de nature réglementaire contenue dans une loi n'est pas, par elle-même, inconstitutionnelle.

b) Les raisons de cette solution

La solution s'explique par le fait que les constituants ont donné au Gouvernement les moyens de lutter contre d'éventuels empiétements de la loi. Il s'agit :

- des irrecevabilités législatives qui permettent au Gouvernement de s'opposer au cours de la procédure parlementaire à l'insertion d'une disposition réglementaire dans une loi (art. 41 de la Constitution),
- et des déclassements des textes législatifs promulgués au rang réglementaire qui permettent de restituer l'exercice de son pouvoir réglementaire au Gouvernement (art. 37, alinéa 2, de la Constitution).

4. L'obligation du législateur d'épuiser sa compétence

Le Conseil constitutionnel censure les incompétences négatives du législateur, c'est-à-dire le fait pour le législateur de ne pas avoir épuisé sa compétence (Cons. const., décision n° 75-56 DC du 23 juillet 1975, *Juge unique*). Pour éviter une telle censure, le législateur aura tendance à légiférer plutôt trop que pas assez.

Fiche 31

LES SOURCES RÉGLEMENTAIRES

Le pouvoir réglementaire désigne le pouvoir reconnu à certaines autorités d'édicter des actes à caractère général et impersonnel d'une valeur infra-législative.

I. LES TITULAIRES DU POUVOIR RÉGLEMENTAIRE GÉNÉRAL

A. Le Premier ministre

Le Premier ministre «*exerce le pouvoir réglementaire*» (art. 21, alinéa 2, de la Constitution). Ce pouvoir est exercé par décrets contresignés, le cas échéant, par les ministres chargés de leur exécution (art. 22 de la Constitution). Il s'agit des ministres qui sont «*compétents pour signer ou contresigner les mesures réglementaires ou individuelles que comporte nécessairement l'exécution de cet acte*» (CE, 27 avril 1962, *Sicard et autres*).

B. Le président de la République

Le président de la République exerce son pouvoir réglementaire en signant les décrets délibérés en Conseil des ministres (art. 13 et 21 de la Constitution). Ces décrets se reconnaissent parce qu'ils comportent, dans les visas, la mention: «*Le Conseil des ministres entendu*». Ces décrets sont «*contresignés par le Premier ministre et, le cas échéant, par les ministres responsables*» (art. 19). Il s'agit des ministres auxquels incombent, à titre principal, la préparation et l'application de ces décrets (CE, 10 juin 1966, *Pelon et autres*).

1. Les décrets devant être délibérés en Conseil des ministres

En principe, la délibération en Conseil des ministres d'un décret est imposée par un texte, soit:

- une disposition constitutionnelle. Par exemple, l'article 36 de la Constitution prévoit que l'état de siège est décrété en Conseil des ministres;
- une disposition législative organique ou ordinaire. Par exemple, l'article 2 de la loi du 3 avril 1955 relative à l'état d'urgence prévoit que l'état d'urgence est déclaré par décret en Conseil des ministres;
- une disposition décrétale. Par exemple, l'article 1er du décret n° 59-178 du 22 janvier 1959 relatif aux attributions des ministres

prévoit que « *les attributions des ministres sont fixées par décrets délibérés en Conseil des ministres, après avis du Conseil d'État* ».

2. Les décrets pouvant être délibérés en Conseil des ministres

Dans la pratique le président de la République peut toujours – pour des raisons politiques – décider de soumettre un décret à la délibération du Conseil des ministres alors même qu'aucun texte n'exige une telle délibération. Dans cette hypothèse, le décret ne pourra plus être modifié ou abrogé que par un autre décret en Conseil des ministres (CE, 10 septembre 1992, *Meyet*).

II. LES TITULAIRES DU POUVOIR RÉGLEMENTAIRE SPÉCIALISÉ

A. Le chef de service

Tout chef de service – ministre, préfet, exécutifs locaux, etc. – peut prendre les mesures nécessaires au bon fonctionnement de l'administration placée sous son autorité (CE, 7 février 1936, *Jamart*).

B. Les ministres

1. Le principe : l'absence de pouvoir réglementaire

La Constitution ne confère aux ministres aucun pouvoir réglementaire (CE, 23 mai 1969, *Société « Distillerie Brabant et compagnie »*).

2. Les exceptions

a) Les exceptions applicables à tous les ministres

Si les ministres sont associés à l'exercice du pouvoir réglementaire général lorsqu'ils contresignent les décrets, ils disposent également d'un pouvoir réglementaire délégué et adoptent alors des arrêtés. En effet, une loi ou un décret peut confier à tel ou tel ministre l'exercice du pouvoir réglementaire (*cf.* notamment l'art. 21, alinéa 2, de la Constitution).

b) L'exception particulière applicable au ministre de la Défense

Responsable de l'emploi des militaires placés sous son autorité et du maintien de l'aptitude de ces derniers aux missions qui peuvent à tout moment leur être confiées, le ministre de la Défense peut prendre les dispositions qui sont directement liées aux risques et exigences spécifiques à l'exercice de la fonction militaire. Tel est le cas de l'obligation vaccinale (CE, 3 mars 2004, *Association liberté, information, santé*).

C. Les organes des collectivités territoriales

1. L'exercice du pouvoir réglementaire local

L'article 72, alinéa 3, de la Constitution prévoit que, dans les conditions prévues par la loi, les collectivités territoriales de la République « *s'administrent librement par des conseils élus et disposent d'un pouvoir réglementaire pour l'exercice de leurs compétences».*

a) Un pouvoir résiduel

Le pouvoir réglementaire dont dispose une collectivité territoriale ne peut s'exercer en dehors du cadre des compétences qui lui sont dévolues par la loi (Cons. const., décision n° 2001-454 DC du 17 janvier 2002, *Loi relative à la Corse*).

b) Un pouvoir subordonné au pouvoir réglementaire national

Le pouvoir réglementaire dont dispose une collectivité territoriale ne peut avoir pour objet ou pour effet de mettre en cause le pouvoir réglementaire d'exécution des lois que l'article 21 de la Constitution attribue au Premier ministre sous réserve des pouvoirs reconnus au président de la République par l'article 13 de la Constitution (Cons. const., décision n° 2001-454 DC du 17 janvier 2002 précitée).

2. La possibilité de déroger aux règlements nationaux

L'article 72, alinéa 4, reconnaît aux collectivités territoriales ou à leurs groupements la possibilité de déroger, à titre expérimental, aux dispositions réglementaires régissant l'exercice de leurs compétences (art. LO 1113-7 du CGCT).

D. Les autres autorités

La Constitution n'interdit pas au législateur de confier à une autorité de l'État autre que le Premier ministre, le soin de fixer, dans un domaine déterminé et dans le cadre défini par les lois et règlements, des normes permettant de mettre en œuvre une loi (Cons. const., décision n° 86-217 DC du 18 septembre 1986, *Loi relative à la liberté de communication*). Il reste que cette habilitation ne doit concerner que des mesures de portée limitée tant par leur champ d'application que par leur contenu (Cons. const., décision n° 88-248 DC du 17 janvier 1989, *Loi modifiant la loi n° 86-1067 du 30 septembre 1986 relative à la liberté de communication*).

1. Les préfets

Les préfets peuvent être habilités à exercer un pouvoir réglementaire. Tel est le cas en matière de police administrative générale (art. L. 131-4 du code de la sécurité intérieure) ou de polices administratives spéciales (par exemple, l'art. R. 424-6 du code de l'environnement concernant le pouvoir confié au préfet de fixer la période de la chasse à tir).

2. Les personnes publiques spéciales

Un pouvoir réglementaire spécialisé peut être exercé par les établissements publics ou d'autres personnes publiques. Par exemple, la Banque de France, institution dont le capital appartient à l'État, a pu se voir reconnaître le pouvoir de fixer par délibération certaines normes destinées à concourir au contrôle de l'évolution de la masse monétaire (Cons. const., décision n° 93-324 DC du 3 août 1993, *Loi relative au statut de la Banque de France et à l'activité et au contrôle des établissements de crédit*).

3. Les autorités administratives/publiques indépendantes (AAI/API)

Les AAI ou API disposent souvent d'un pouvoir réglementaire afin d'assurer la régulation des secteurs dans lesquelles elles interviennent. Tel est le cas de la compétence réglementaire reconnue à l'autorité de régulation des télécommunications pour fixer les droits et obligations afférents à l'exploitation des différentes catégories de réseaux et de services (Cons. const., décision n° 96-378 DC du 23 juillet 1996, *Loi de réglementation des télécommunications*).

E. Les personnes morales de droit privé

Les personnes morales de droit privé peuvent disposer d'un pouvoir réglementaire. Tel est le cas, par exemple, des personnes morales de droit privé chargées de l'exécution d'un service public industriel et commercial qui disposent d'un pouvoir réglementaire pour fixer l'organisation même du service public (TC, 15 janvier 1968, *Cie Air France c/ épx Barbier*).

III. L'OBLIGATION D'EXERCER LE POUVOIR RÉGLEMENTAIRE

A. L'obligation de prendre les mesures nécessaires à l'exécution des lois

« *L'exercice du pouvoir réglementaire comporte non seulement le droit, mais aussi l'obligation de prendre dans un délai raisonnable les mesures qu'implique nécessairement l'application de la loi, hors le cas où le respect des engagements internationaux de la France y ferait obstacle* » (CE, 28 juillet 2000, *Association France Nature Environnement*). C'est dire que le juge administratif peut :

- annuler les refus d'exécuter les lois (CE, 13 juillet 1962, *Kevers-Pascalis*) ;
- condamner l'État au paiement de dommages et intérêts en cas de carence du pouvoir réglementaire (CE, 6 juillet 1934, *société Van Outryve* et CE, 27 novembre 1964, *Dame veuve Renard)*.

B. L'obligation de prendre des mesures de police administrative

L'administration doit prendre les mesures de police indispensables pour faire cesser un péril grave résultant d'une situation particulièrement dangereuse pour l'ordre public (CE, 14 décembre 1959, *Doublet*).

C. L'obligation d'abroger les règlements illégaux

L'administration est tenue d'abroger expressément un acte réglementaire illégal ou dépourvu d'objet, que cette situation existe depuis son édiction ou qu'elle résulte de circonstances de droit ou de fait postérieures, sauf à ce que l'illégalité ait cessé (art. L. 243-2, alinéa 1er, du code des relations entre le public et l'administration).

Fiche 32

LES SOURCES JURISPRUDENTIELLES

Pour reprendre la formule kelsénienne, le juge n'est pas un simple « *automate juridique* ». Il dispose d'un pouvoir normatif et crée des règles de droit. Parmi les règles jurisprudentielles, qui constituent une source de la légalité, certaines sont qualifiées de principes généraux du droit. Ces derniers constituent la traduction la plus évidente du pouvoir de création de la règle de droit par le juge administratif.

I. LES RÈGLES JURISPRUDENTIELLES NON QUALIFIÉES DE PRINCIPES GÉNÉRAUX DU DROIT

A. La notion de jurisprudence

1. Au sens large

Au sens large, la jurisprudence administrative désigne l'ensemble des décisions rendues par la juridiction administrative.

2. Au sens strict

Au sens strict, la jurisprudence administrative désigne la règle jurisprudentielle entendue comme « *la solution jurisprudentielle (qui) s'affranchit de l'espèce pour régir virtuellement toute une partie du droit positif* » (Yves Gaudemet). La jurisprudence administrative se construit à partir des décisions rendues par le Conseil d'État. Il lui revient d'assurer la continuité et l'unité de la jurisprudence administrative.

B. Le pouvoir prétorien du juge administratif

1. L'interdiction des arrêts de règlement

L'article 5 du code civil dispose qu'« *il est défendu aux juges de prononcer par voie de disposition générale et réglementaire sur les causes qui leur sont soumises* ». C'est dire en particulier qu'en dehors de tout litige, le juge ne peut pas dire le droit – *juris dictio*. En une formule ramassée, pas de jurisprudence, sans procès.

2. La sanction du déni de justice

L'article 4 du code civil prévoit que « *le juge qui refusera de juger, sous prétexte du silence, de l'obscurité ou de l'insuffisance de la loi, pourra être poursuivi comme coupable de déni de justice* ». Afin d'éviter le déni de justice, le juge administratif doit, le cas échéant, suppléer la règle de droit écrite ou l'interpréter.

3. Le caractère essentiellement prétorien du droit administratif

Depuis l'arrêt *Blanco* (8 février 1873) par lequel le Tribunal des conflits a refusé d'appliquer à l'action administrative « *les principes qui sont établis dans le code civil, pour les rapports de particulier à particulier* », et faute de référence textuelle semblable au code civil, le juge administratif a dû suppléer la règle de droit écrite et ainsi forger l'essentiel du droit administratif. Par exemple, les notions de police administrative ou de service public qui sont au cœur du droit administratif sont en effet illustrées par de nombreux grands arrêts de la jurisprudence administrative.

4. La codification : la fin du caractère jurisprudentiel du droit administratif ?

Le constat de la codification du droit administratif est unanimement dressé. Il suffit de citer, par exemple, la création du code des relations entre le public et l'administration (CRPA) qui rassemble plusieurs lois relatives à la procédure administrative et codifie, en les simplifiant, certaines règles jurisprudentielles. Il reste que le droit administratif jurisprudentiel demeure : c'est la jurisprudence qui a posé les règles structurantes du droit administratif.

C. L'application dans le temps des règles jurisprudentielles

La jurisprudence administrative présente nécessairement un caractère évolutif. En principe, la jurisprudence nouvelle est d'application immédiate. Toutefois, pour éviter les conséquences parfois néfastes de cette application immédiate, le juge administratif a accepté de moduler dans le temps les effets de sa jurisprudence rendant ainsi possible l'application de nouvelles règles jurisprudentielles seulement pour l'avenir.

1. Le principe de la rétroactivité de la règle jurisprudentielle

En principe, un changement de jurisprudence est immédiatement applicable aux faits de la cause, soit à des faits qui sont antérieurs à ce changement (CE, 7 octobre 2009, *Société d'équipement de Tahiti et des îles*). Il arrive cependant que le juge administratif consacre une nouvelle règle jurisprudentielle à l'occasion d'une affaire dont la solution n'est pas commandée par l'application de cette nouvelle règle.

2. Les exceptions : la modulation dans le temps des effets de la règle jurisprudentielle

Le juge administratif accepte de déroger au principe de la rétroactivité de la règle jurisprudentielle lorsque l'application immédiate de la nouvelle règle jurisprudentielle a pour effet de porter atteinte :

- de façon excessive aux relations contractuelles en cours. Cette solution s'explique par l'impératif de sécurité juridique (CE, 16 juillet 2007, *société Tropic travaux signalisation*) ;
- et/ou au droit au recours (CE, 6 juin 2008, *Conseil départemental de l'Ordre des chirurgiens-dentistes de Paris* et Conseil d'État, 17 décembre 2014, *M. Serval*).

II. LES RÈGLES JURISPRUDENTIELLES QUALIFIÉES DE PRINCIPES GÉNÉRAUX DU DROIT

L'expression «*principes généraux du droit*» (PGD) apparaît avec l'arrêt *Aramu* (CE, 26 octobre 1945). Elle désigne des principes de droit non écrit qui s'imposent à l'administration même sans texte.

A. La découverte des PGD

C'est le juge – administratif essentiellement (pour une illustration *a contrario*, voir Cons. const., décision n° 69-55 L du 26 juin 1969, *Protection des sites*) – qui découvre les PGD. Il «*les dégage de la gangue du milieu juridique*» (Georges Vedel), c'est-à-dire que le juge les découvre à partir du droit positif. Par exemple, les PGD d'égalité dans le fonctionnement des services publics (CE, 9 mars 1951, *Société des concerts du conservatoire*) et d'égalité à l'entrée de la fonction publique (CE, 28 mai 1954, *Barel*) constituent autant de déclinaisons du principe d'égalité consacré par la Déclaration des droits de l'homme et du citoyen du 26 août 1789.

B. Le contenu des PGD

À côté des «grands» PDG, il existe des PGD plus catégoriels.

1. Les «grands» PGD

a) Une catégorie datée

Historiquement, le juge administratif a dégagé des «"grands" *principes généraux propres à l'État libéral et républicain*» (Franck Moderne) tels que:

- le principe du respect des droits de la défense (CE, 5 mai 1944, *Dame veuve Trompier-Gravier*);
- le principe de non rétroactivité des décisions administratives (CE, 25 juin 1948, *Sté du journal «L'Aurore»*);
- et le principe selon lequel le recours pour excès de pouvoir est toujours possible contre une décision administrative (CE, 17 février 1950, *Dame Lamotte*).

b) Une catégorie toujours d'actualité

Le temps des «grands» PGD n'est cependant pas révolu comme en atteste l'arrêt *Scté KPMG* du 24 mars 2006 par lequel le Conseil d'État a consacré – implicitement à tout le moins – le PGD de de sécurité juridique.

2. Les PGD spécialisés

Le juge administratif a consacré des PGD spécialisés. C'est le cas, par exemple:

- en droit social avec le PGD selon lequel aucun employeur ne peut en principe licencier une salariée en état de grossesse (CE, 8 juin 1973, *dame Peynet*) ou le PGD selon lequel l'administration doit rémunérer ses agents sur une base au moins égale au SMIC (CE, 23 avril 1982, *Ville de Toulouse*);

- en droit des étrangers avec le PGD selon lequel les étrangers résidant régulièrement en France peuvent y mener une vie familiale normale (CE, 8 décembre 1978, *GISTI*).

C. La valeur juridique des PGD

Les PGD ont une valeur infra-législative et supra-décrétale. Leur violation par l'administration constitue une illégalité. En revanche, il est donc toujours possible au législateur de déroger à un PGD dans le respect des exigences constitutionnelles.

Fiche 33

LE POUVOIR DISCRÉTIONNAIRE

I. LA NOTION DE POUVOIR DISCRÉTIONNAIRE

A. La distinction entre le pouvoir discrétionnaire et le pouvoir arbitraire

1. La définition du pouvoir discrétionnaire

Classiquement, on admet qu'« *il y a pouvoir discrétionnaire toutes les fois qu'une autorité agit librement sans que la conduite à tenir lui soit dictée à l'avance par une règle de droit* » (Léon Michoud). En d'autres termes, en situation de pouvoir discrétionnaire, l'administration est libre de prendre la décision de son choix : la règle de droit ne lui dicte pas sa conduite.

2. L'absence de pouvoir arbitraire

Pouvoir discrétionnaire et pouvoir arbitraire ne se confondent pas. En effet, investie d'un pouvoir discrétionnaire, l'administration ne peut choisir qu'entre des décisions ou des comportements qui sont conformes à la légalité.

B. La distinction entre le pouvoir discrétionnaire et la compétence liée

1. La définition de la compétence liée

« *Il y a compétence liée quand la règle de droit impose aux agents (administratifs) la décision qui découle pour eux de la réunion des conditions qu'elle définit* » (Jean Rivero). Les agents sont tenus d'agir dans un sens déterminé. Par exemple, la délivrance de l'agrément des exploitants individuels et des dirigeants et gérants de personnes morales exerçant une activité privée de sécurité est subordonnée aux conditions prévues par l'article L. 612-7 du code de la sécurité intérieure (notamment le fait de ne pas avoir été condamné à une peine correctionnelle ou à une peine criminelle inscrite au bulletin n° 2). Si ces conditions sont remplies, l'agrément est délivré. C'est dire que la commission régionale ou interrégionale d'agrément et de contrôle est dans une situation de compétence liée.

2. La combinaison entre le pouvoir discrétionnaire et la compétence liée

Pouvoir discrétionnaire et compétence liée ne sont pas exclusifs. En effet, une dose variable de pouvoir discrétionnaire et de compétence liée est présente dans chaque acte administratif.

II. LE CONTRÔLE DU POUVOIR DISCRÉTIONNAIRE

« *C'est [...] du degré du contrôle exercé par le juge que dépend en dernière analyse la marge de pouvoir discrétionnaire laissée à l'Administration* » (Danièle Lochak).

1. L'absence traditionnelle de contrôle

Étant juge de la légalité des décisions administratives et non de leur opportunité – en raison du principe de la séparation de l'administration et de son juge (CE, 13 décembre 1889, *Cadot*) –, le juge administratif s'est traditionnellement refusé à contrôler l'exercice du pouvoir discrétionnaire. En particulier, il refusait de contrôler la qualification juridique des faits. Bien que rare, cette solution persiste encore dans certains contentieux. Par exemple, le Conseil d'État refuse de « *contrôler l'appréciation faite par le jury d'un examen de la valeur des copies remises par les candidats* » (CE, 20 mars 1987, *Gambus*).

2. Le développement d'un contrôle du pouvoir discrétionnaire

Aujourd'hui, le juge administratif exerce normalement un contrôle de la qualification juridique des faits. Lorsqu'il ne le fait pas, il peut tout de même censurer l'erreur manifeste d'appréciation. Dans certains contentieux, le contrôle du juge est particulièrement étendu puisque ce dernier vérifie la proportionnalité de la mesure prise par l'administration au regard des circonstances de l'affaire.

Fiche 34

LES ACTES DE GOUVERNEMENT

Sont des actes de gouvernement, les actes qui ne sont pas susceptibles de faire l'objet d'un recours contentieux. Ils bénéficient d'une immunité juridictionnelle.

I. LE CRITÈRE DES ACTES DE GOUVERNEMENT

D'origine prétorienne, la théorie des actes de gouvernement n'est plus aujourd'hui fondée sur le critère du mobile politique.

A. L'ancien critère du mobile politique

Initialement, l'acte de gouvernement se définissait par son mobile politique (CE, 1er mai 1822, *Laffitte* et CE, 9 mai 1867, *Duc d'Aumale*). C'est dire que le juge administratif refusait de connaître des actes qui étaient dictés par des intérêts politiques.

B. L'abandon du critère du mobile politique

Dans son arrêt *Prince Napoléon* du 19 février 1875, le Conseil d'État abandonne le critère du mobile politique et accepte de statuer sur la demande présentée par le prince Napoléon-Joseph Bonaparte tendant au rétablissement de son nom sur la liste de l'état-major général de l'armée. Dès lors, le caractère politique d'un acte ne suffit plus à le faire échapper au contrôle du juge administratif. Dans le cadre du contrôle de la légalité, le juge pourra même annuler un acte fondé sur un motif politique (CE, 28 mai 1954, *Barel* à propos de la décision refusant à des personnes l'autorisation de prendre part à un concours en raison de leurs opinions politiques). Il reste qu'ayant abandonné le critère du mobile politique, le Conseil d'État n'en a jamais substitué un autre. L'identification des actes de gouvernement relève de la casuistique du juge administratif.

II. LES CATÉGORIES D'ACTES DE GOUVERNEMENT

Deux catégories d'actes de gouvernement peuvent être distinguées.

A. Les actes concernant les relations entre les pouvoirs publics constitutionnels

Il s'agit notamment:

- du refus du Gouvernement de présenter un projet de loi (CE, 18 juillet 1930, *Rouché*);

- du décret de promulgation d'une loi (CE, 3 novembre 1933, *Desreumeaux*) ;
- du dépôt ou du retrait d'un projet de loi par le Gouvernement (CE, 19 janvier 1934, *Compagnie marseillaise de navigation à vapeur Fraissinet*) ;
- de la décision du président de la République mettant en application l'article 16 de la Constitution du 4 octobre 1958 (CE, 2 mars 1962, *Rubin de Servens*) ;
- du décret de dissolution de l'Assemblée nationale (CE, 20 février 1989, *Allain*) ;
- de la décision par laquelle le président de la République nomme un membre du Conseil constitutionnel (CE, 9 avril 1999, *Mme Ba*) ;
- du refus de l'exécutif de déférer une loi votée mais non encore promulguée au Conseil constitutionnel (CE, ord., 7 novembre 2001, *Tabaka*) ;
- du refus du président de la République de soumettre un projet de révision constitutionnelle préalablement adopté en termes identiques par les deux assemblées au Parlement convoqué en Congrès (CE, ord., 28 février 2005, *Mekhantar*) ;
- et du décret par lequel le président de la République convoque le Parlement en session extraordinaire (CE, ord., 5 juillet 2007, *Hoffer*).

B. Les actes concernant les relations internationales

1. Les actes relatifs aux traités et accords internationaux

Il s'agit notamment :

- de l'acte de signature d'un accord international (CE, 1er juin 1951, *Société des étains et wolfram du Tonkin*) ;
- de l'inexécution de certaines stipulations d'un traité (CE, 16 mars 1962, *Prince Sliman Bey*) ;
- de la décision de publier un traité ou un accord international (CE, 4 novembre 1970, *de Malglaive*) ;
- et de l'acte suspendant l'application d'un traité (CE, 18 décembre 1992, *Préfet de la Gironde c/ Mahmedi*).

2. Les autres actes concernant les relations internationales

Il s'agit notamment :

- de l'ordre donné par l'exécutif au directeur général de la Radiodiffusion française de brouiller les émissions d'un poste de radiodiffusion étranger (TC, 2 février 1950, *Radiodiffusion française*) ;

- du refus de porter un différend devant la Cour de justice internationale (CE, 9 janvier 1952, *Gény*) ;

- des mesures relatives à la protection des ressortissants français et de leurs biens à l'étranger (CE, 2 mars 1966, *Dame Cramencel*) ;

- de la décision du chef de l'État instituant une zone de sécurité autour de l'atoll de Mururoa lors des essais nucléaires en Polynésie française (CE, 11 juillet 1975, *Paris de la Bollardière*) ;

- de la circulaire interdisant aux Irakiens de s'inscrire dans les universités françaises (CE, 23 septembre 1992, *GISTI*) ;

- de la décision du chef de l'État de reprendre les essais nucléaires (CE, 29 septembre 1995, *Association Greenpeace France*) ;

- de la décision de la France d'engager des forces militaires à l'étranger (CE, 5 juillet 2000, *Megret et Mekhandar*) ;

- et de la décision de la France d'autoriser les avions américains et britanniques opérant en Irak à emprunter l'espace aérien français (CE, 30 décembre 2003, *Comité contre la guerre en Irak*).

III. LE RÉGIME CONTENTIEUX DES ACTES DE GOUVERNEMENT

A. L'impossible contrôle de la légalité

Les actes de gouvernement échappent au contrôle de la légalité. Ils ne constituent pas un simple assouplissement au principe de la légalité, mais contreviennent aux exigences de l'État de droit. C'est pourquoi le juge administratif a admis de statuer sur les actes qui sont détachables des actes de gouvernement. Par ailleurs, le Conseil constitutionnel a accepté de contrôler certains actes de gouvernement.

1. Le contentieux des actes détachables des relations internationales

Le juge administratif a admis de connaître des actes qui sont détachables des relations internationales. Tel est le cas, par exemple, des décrets d'extradition (CE, 28 mai 1937, *Decerf* et CE, 30 mai 1952, *Dame Kirkwood*).

2. La compétence du Conseil constitutionnel

Le Conseil constitutionnel s'est reconnu compétent pour connaître de certains actes dont le juge administratif avait refusé de connaître. Il en va ainsi :

- du décret de convocation du corps électoral pour l'élection des députés (CE, 3 juin 1981, *Delmas* et Cons. const., décision *Delmas* n° 81-1 ELEC du 11 juin 1981) ;

- et du décret soumettant un projet de loi au référendum (CE, 19 octobre 1962, *Brocas* et Cons. const., décision *Hauchemaille* n° 2000-21 REF du 25 juillet 2000).

B. Le possible contentieux de la responsabilité

1. Le principe

En principe, la responsabilité de la puissance publique ne peut pas être engagée pour réparer les conséquences dommageables d'un acte de gouvernement (CE, 29 novembre 1968, *Tallagrand* à propos du refus d'engager la responsabilité de l'État du fait de l'abstention du Gouvernement qui n'a pas déposé un projet de loi d'indemnisation des rapatriés d'Algérie).

2. L'exception ?

Dans un arrêt *M. Bernabé* du 27 juin 2016, le Conseil d'État rappelle que le préjudice que les requérants imputent au contenu des accords d'Évian se rattache à la conduite des relations entre la France et l'Algérie – qui peuvent donc être qualifiés d'actes de gouvernement – et ne saurait, par suite, engager la responsabilité de l'État sur le fondement de la faute. Toutefois, dans le sillage de la jurisprudence *Compagnie générale d'énergie radio-électrique* du 30 mars 1966, le Conseil d'État juge, d'une part, que la responsabilité de l'État est susceptible d'être engagée, sur le fondement de l'égalité des citoyens devant les charges publiques, pour assurer la réparation de préjudices nés de conventions conclues par la France avec d'autres États et entrées en vigueur dans l'ordre interne, à la condition que le préjudice dont il est demandé réparation, revêtant un caractère grave et spécial, ne puisse, dès lors, être regardé comme une charge incombant normalement aux intéressés et, d'autre part, qu'il en va de même des préjudices qui seraient nés des déclarations gouvernementales du 19 mars 1962, dites « accords d'Évian ».

Fiche 35

LES MESURES D'ORDRE INTÉRIEUR

I. LA NOTION DE MESURE D'ORDRE INTÉRIEUR

Les mesures d'ordre intérieur sont des actes administratifs unilatéraux qui bénéficient d'une immunité juridictionnelle. Cette immunité s'explique généralement par le fait que ces mesures « *ont un caractère exclusivement interne à l'administration qui les prend, [et] n'ont aucun effet sur la situation juridique de ceux qui les subissent* » (Raymond Odent). Elles constitueraient alors la traduction de l'adage « *de minimis non curat praetor* ». Plus certainement, la qualification de mesure d'ordre intérieur relève d'un choix de politique jurisprudentielle fondé sur la volonté du juge de ne pas contrôler certaines mesures.

II. LE CHAMP D'APPLICATION

A. Les domaines traditionnels des mesures d'ordre intérieur

Les mesures d'ordre intérieur « *représentent le vestige d'une vieille tradition qui, dans les services publics où la discipline doit être particulièrement ferme, conserve aux autorités responsables une marge de pouvoirs dont elles peuvent user discrétionnairement, arbitrairement même, sans aucun contrôle juridictionnel* » (Raymond Odent). En ce sens, les domaines d'élection des mesures d'ordre intérieur sont la fonction publique, l'école, la prison et l'armée. Par exemple, était qualifiée de mesure d'ordre intérieur la décision de placer un détenu dans un « *quartier de haute sécurité* » (CE, 27 janvier 1984, *Caillol*).

B. Le recul contemporain des mesures d'ordre intérieur

Le recul des mesures d'ordre intérieur « *signifie [...] que le juge administratif contrôle [...] l'ordre intérieur* » (Christian Vigouroux).

1. La prise en compte de la nature et des effets des mesures

Pour admettre la « *justiciabilité* » d'une mesure autrefois qualifiée de mesure d'ordre intérieur, le juge prend en compte sa nature – objet, caractère et statut juridique – et ses effets tant juridiques que matériels.

a) Les arrêts Marie et Hardouin

La réduction des mesures d'ordre intérieur est très significative à partir des années 1990 ainsi qu'en témoignent les arrêts *Marie et Hardouin* (CE, 17 février 1995). Par ces arrêts, le Conseil d'État juge qu'eu égard à leur nature et à leur gravité, la punition des arrêts infligée à M. Hardouin et la punition de cellule prononcée à l'encontre de M. Marie constituent des mesures faisant grief susceptibles d'être déférées au juge de l'excès de pouvoir.

b) L'arrêt Remli

Par son arrêt *Remli* (CE, 30 juillet 2003), le Conseil d'État juge que la mise à l'isolement constitue une décision susceptible de faire l'objet d'un recours pour excès de pouvoir. Au-delà de la nature et des effets juridiques de la mesure, le Conseil d'État a pris en considération ses conséquences sur les conditions concrètes de la détention.

2. Un effort de systématisation

Par ses arrêts *Boussouar, Planchenault* et *Payet* du 14 décembre 2007, le Conseil d'État a consenti à un « *effort de catégorisation* » (Mattias Guyomar) en distinguant certaines mesures attaquables prises en établissements pénitentiaires de certaines autres mesures inattaquables.

a) Les décisions attaquables

Constituent des actes susceptibles de faire l'objet d'un recours pour excès de pouvoir :

- la décision de changement d'affectation d'une maison centrale, établissement pour peines, à une maison d'arrêt (CE, *Boussouar*) ;
- la décision de déclassement d'emploi (CE, *Planchenault*) ;
- et la décision soumettant un détenu à des rotations de sécurité (CE, *Payet*).

b) Les décisions inattaquables

Sont en principe inattaquables :

- les décisions d'affectation consécutives à une condamnation, les décisions de changement d'affectation d'une maison d'arrêt à un établissement pour peines, les décisions de changement d'affectation entre établissements de même nature (CE, *Boussouar*) ;
- les refus opposés à une demande d'emploi ainsi que les décisions de classement (CE, *Planchenault*).

Par exception, ces décisions sont susceptibles de recours lorsque sont mis en cause les libertés et droits fondamentaux des détenus.

Fiche 36

LA THÉORIE JURISPRUDENTIELLE DES CIRCONSTANCES EXCEPTIONNELLES

Élaborée par le Conseil d'État, la théorie des circonstances exceptionnelles est fondée sur l'idée selon laquelle la légalité ne peut pas jouer en période de circonstances exceptionnelles comme elle joue en période normale. En effet, « *une mesure qui, en temps de paix, serait illégale, doit être considérée comme légale en temps de guerre, si les circonstances de fait sont telles que cette mesure est nécessaire pour assurer le fonctionnement de services publics essentiels* » (Gaston Jèze).

I. LA NOTION DE CIRCONSTANCES EXCEPTIONNELLES

Les circonstances exceptionnelles correspondent à des situations qui surviennent brutalement à la suite d'événements graves, imprévus et anormaux. Constituent, par exemple, de tels événements :

- les guerres (CE, 28 juin 1918, *Heyriès* et CE, 28 février 1919, *Dames Dol et Laurent*) ;
- des catastrophes naturelles telles que les éruptions du volcan « La Soufrière » en 1976 (CE, 18 mai 1983, *Rodes*) ;
- une grève généralisée (CE, 18 avril 1947, *Jarrigion*).

II. L'ASSOUPLISSEMENT DES EXIGENCES DE LA LÉGALITÉ

A. L'assouplissement des règles de compétence

1. L'empiétement de l'administration sur la compétence du législateur

En période de circonstances exceptionnelles, l'autorité administrative peut empiéter sur le domaine de la loi. En ce sens, le Conseil d'État admet notamment :

- qu'un décret peut suspendre la disposition législative qui exige la communication aux fonctionnaires de leur dossier préalablement à toute sanction disciplinaire (CE, 28 juin 1918, *Heyriès*) ;
- qu'une circulaire peut créer une nouvelle position statutaire pour les officiers de carrière (CE, 16 avril 1948, *Laugier*).

2. L'empiétement d'une autorité administrative sur la compétence d'une autre autorité administrative

Il se peut que « *la nécessité dans tous les domaines de la décision la plus rapide* » autorise le fonctionnaire le mieux à même d'agir à le faire nonobstant l'absence de toute disposition autorisant cette délégation (CE, 1er août 1919, *Société des établissements Saupiquet*).

3. La jurisprudence du « fonctionnaire de fait »

Les circonstances exceptionnelles peuvent permettre à de simples particuliers d'agir en lieu et place des autorités administratives. Les particuliers jouent alors le rôle de « *fonctionnaires de fait* » (CE, 7 janvier 1944, *Lecocq* et CE, 5 mars 1948, *Marion*). Par exemple, dans l'arrêt Marion, du fait « *des circonstances exceptionnelles nées de l'invasion* », un comité des intérêts locaux, constitué de particuliers, a légalement pu réquisitionner les denrées nécessaires au ravitaillement de la population.

B. L'assouplissement des règles de forme et de procédure

Les circonstances exceptionnelles peuvent dispenser l'administration de respecter les règles de forme et de procédure. Par exemple, dans l'arrêt Heyriès, le Conseil d'État admet la légalité de la suspension de la disposition législative relative à la communication au fonctionnaire de son dossier avant toute sanction disciplinaire.

C. L'assouplissement des règles de fond

Les circonstances exceptionnelles permettent aux autorités administratives de prendre des décisions qui, en temps normal, seraient illégales. En particulier, en période de guerre, « *les intérêts de la défense nationale donnent au principe de l'ordre public une extension plus grande et exigent pour la sécurité des mesures plus rigoureuses* » (CE, 28 février 1919, *Dames Dol et Laurent*). Dans l'arrêt Dames Dol et Laurent, l'atteinte portée à la liberté d'aller et venir et à la liberté du commerce des « filles galantes » et des débitants de boissons par les arrêtés du préfet maritime de Toulon serait considérée comme excessive en période normale.

III. LE CONTRÔLE DU JUGE ADMINISTRATIF

Les circonstances exceptionnelles ne conduisent pas à supprimer les exigences de la légalité. Celles-ci sont simplement assouplies. Les mesures prises dans le cadre des circonstances exceptionnelles n'échappent donc pas au contrôle du juge administratif. Ce dernier vérifie :

- s'il existait des circonstances exceptionnelles ;
- si l'administration du fait de ces circonstances était dans l'impossibilité d'agir légalement ;
- et si l'assouplissement des exigences de la légalité est proportionné à la gravité des circonstances exceptionnelles.

Fiche 37

L'ARTICLE 16 DE LA CONSTITUTION

L'institution des pouvoirs exceptionnels du président de la République au sein de la Constitution du 4 octobre 1958 s'explique par la mémoire constitutionnelle et, en particulier, par le souvenir de la « *crise épouvantable* » de 1940 : « *il n'y avait plus moyen d'obtenir, dans les circonstances où l'on était, un fonctionnement régulier des pouvoirs de la République* » (général de Gaulle).

I. LE RECOURS AUX POUVOIRS EXCEPTIONNELS

A. Les conditions de fond

1. Le texte constitutionnel

Deux conditions cumulatives de fond sont posées par l'article 16 de la Constitution :

- d'une part, une menace grave et immédiate des institutions de la République, de l'indépendance de la nation, de l'intégrité de son territoire ou de l'exécution de ses engagements internationaux ;
- et, d'autre part, l'interruption du fonctionnement régulier des pouvoirs publics constitutionnels.

2. La pratique

Le texte constitutionnel a fait l'objet d'une interprétation souple. En effet, le 23 avril 1961 – date de la première et unique application de l'article 16 de la Constitution – la première condition était bien remplie. En revanche, l'interruption des pouvoirs publics constitutionnels était localisée à Alger à la suite du « *pronunciamento militaire* » (général de Gaulle). Il n'y avait alors aucune interruption des pouvoirs publics constitutionnels en métropole : Gouvernement et Parlement pouvaient notamment se réunir. Pourtant, dans son avis du 23 avril 1961 (décision n° 61-1 AR16), le Conseil constitutionnel a estimé que « *les pouvoirs publics constitutionnels ne peuvent fonctionner de façon régulière* ». C'est dire qu'une interruption partielle et localisée des pouvoirs publics constitutionnels suffit.

B. Les conditions de forme

Deux conditions de forme sont posées par l'article 16 de la Constitution.

1. Les consultations officielles

Le chef de l'État doit consulter officiellement le Premier ministre, les Présidents des Assemblées ainsi que le Conseil constitutionnel. Juridiquement, il ne s'agit pas d'avis conformes qui doivent être suivis par le chef de l'État. En outre, l'avis rendu par le Conseil constitutionnel est motivé et publié (art. 53 de l'ordonnance n° 58-1067 du 7 novembre 1958 portant loi organique sur le Conseil constitutionnel).

2. L'information de la nation

Le chef de l'État doit informer la nation par un message de la mise en œuvre des pouvoirs exceptionnels. C'est ce qu'a fait le général de Gaulle par son message radiotélévisé du 23 avril 1961.

II. L'ÉTENDUE DES POUVOIRS EXCEPTIONNELS DU PRÉSIDENT DE LA RÉPUBLIQUE

A. L'ampleur des pouvoirs présidentiels

Le président de la République prend toutes les mesures exigées par ces circonstances. Il peut ainsi prendre des mesures qui relèvement normalement de la compétence du Parlement ou exercer le pouvoir réglementaire sans solliciter le contreseing du Premier ministre et des ministres responsables. En pratique, le général de Gaulle a pu, notamment, proroger l'état d'urgence, révoquer des fonctionnaires ayant participé au putsch, prolonger le délai des gardes à vue ou encore interdire certains écrits et publications.

B. Les limites

1. La finalité des mesures exigées par les circonstances

Les mesures prises par le président de la République au titre de l'article 16 de la Constitution doivent être inspirées par la volonté d'assurer aux pouvoirs publics constitutionnels, dans les moindres délais, les moyens d'accomplir leur mission.

2. La consultation du Conseil constitutionnel

Le Conseil constitutionnel est consulté sur chacune des mesures prises par le chef de l'État. Ces avis ne sont pas publiés (art. 54 de l'ordonnance n° 58-1067 du 7 novembre 1958 précitée).

3. L'interdiction de dissoudre l'Assemblée nationale

Pendant l'exercice des pouvoirs exceptionnels, le président de la République ne peut pas prononcer la dissolution de l'Assemblée nationale.

4. La réunion de plein droit du Parlement

Le Parlement se réunit de plein droit. Il reste que, selon la définition donnée par le général de Gaulle dans son message adressé au Parlement le 25 avril 1961 et dans une lettre adressée le 31 août 1961 à son Premier ministre, le rôle législatif du Parlement est très réduit. Le Parlement ne peut pas légiférer :

- dans le cadre des mesures « *prises ou à prendre en vertu de l'article 16* »
- et en dehors des sessions ordinaires.

5. L'interdiction de réviser la Constitution

Pendant l'exercice des pouvoirs exceptionnels, la révision de la Constitution ne peut pas être engagée ou poursuivie (Cons. const., décision n° 92-312 DC du 2 septembre 1992, *Traité sur l'Union européenne*).

III. LA DURÉE DES POUVOIRS EXCEPTIONNELS

A. Le précédent de 1961

Suite à la rébellion ouverte de certains militaires contre les pouvoirs publics constitutionnels, le général de Gaulle a mis en œuvre l'article 16 de la Constitution le 23 avril 1961. Le 29 septembre 1961, le chef de l'État a décidé de cesser de faire application des pouvoirs exceptionnels alors que le putsch est terminé depuis le 25 avril. Cette durée excessive du maintien en vigueur des pouvoirs exceptionnels a été critiquée.

B. L'encadrement de la durée d'application des pouvoirs exceptionnels

Depuis la révision constitutionnelle du 23 juillet 2008, le Conseil constitutionnel contrôle la nécessité de maintenir en vigueur l'article 16 de la Constitution. Deux hypothèses sont à distinguer.

1. Le contrôle facultatif en cas de saisine

Après trente jours d'exercice des pouvoirs exceptionnels, le Conseil constitutionnel peut être saisi par le Président de l'Assemblée nationale, le Président du Sénat, soixante députés ou soixante sénateurs, aux fins d'examiner si les conditions exigées par la Constitution pour l'application de son article 16 demeurent réunies. Le Conseil se prononce dans les délais les plus brefs par un avis public. Cette publicité confère ainsi un effet dissuasif à cet avis.

2. Le contrôle de plein droit

Au terme de soixante jours d'exercice des pouvoirs exceptionnels et à tout moment au-delà de cette durée, le Conseil procède de plein droit à l'examen des conditions exigées par la Constitution pour l'application de son article 16. Le Conseil se prononce également dans les délais les plus brefs par un avis public.

IV. LE CONTRÔLE DES POUVOIRS EXCEPTIONNELS

A. Le contrôle juridictionnel

1. L'absence de contrôle de la décision décidant de recourir à l'article 16

La décision présidentielle de recourir à l'article 16 de la Constitution constitue un acte de gouvernement dont il n'appartient pas au juge administratif de connaître (CE, 2 mars 1962, *Rubin de Servens*).

2. Le possible contrôle des décisions prises en application de l'article 16

a) Le contrôle des décisions intervenues dans le domaine réglementaire

Les décisions présidentielles prises en application de l'article 16 de la Constitution peuvent être contrôlées par le juge administratif si elles sont intervenues dans le domaine réglementaire (par exemple, CE, 23 octobre 1964, *d'Oriano*).

b) L'impossible contrôle des décisions intervenues dans le domaine législatif

En principe, les décisions prises dans le domaine de la loi ne sont pas susceptibles d'être contrôlées par le juge administratif. En effet, il s'agit alors d'actes législatifs. Tel est le cas de la décision instituant un tribunal militaire à compétence spéciale (CE, 2 mars 1962, *Rubin de Servens*). Toutefois, la constitutionnalité de ces décisions intervenues dans le domaine législatif peut sans doute être désormais contestée dans le cadre du contentieux de la question prioritaire de constitutionnalité.

B. Le contrôle politique

1. L'arme non efficace de la motion de censure

La motion de censure n'est pas une arme efficace pour sanctionner un usage abusif de l'article 16. D'une part, il résulte de la pratique (décision du président de l'Assemblée nationale, Jacques Chaban-Delmas du 19 septembre 1961) que le dépôt d'une motion de censure n'est pas possible durant la période d'exercice des pouvoirs exceptionnels. D'autre part, le vote d'une motion de censure ne paralyse pas juridiquement le président de la République. Seul le Gouvernement est renversé. Il reste que sur le plan politique, un tel vote placerait le chef de l'État dans une position très difficile.

2. L'arme ultime de la destitution

En vertu de l'article 68 de la Constitution, le chef de l'État pourrait être destitué par la Haute Cour en cas de manquement à ses devoirs manifestement incompatible avec l'exercice de son mandat.

Fiche 38

L'ÉTAT DE SIÈGE

Issu de la loi du 9 août 1849, l'état de siège est aujourd'hui prévu par le code de la défense. En outre, et à la différence de l'état d'urgence, l'état de siège bénéficie d'un ancrage constitutionnel via l'article 36 de la Constitution du 4 octobre 1958.

I. LA DÉCLARATION DE L'ÉTAT DE SIÈGE

A. La condition de fond

L'état de siège ne peut être déclaré que dans deux hypothèses (art. L. 2121-1, alinéa 1er, de la Constitution):

- soit en cas de péril imminent résultant d'une guerre étrangère;
- soit en cas d'une insurrection armée.

B. La condition de forme

1. Le décret en Conseil des ministres déclarant l'état de siège

La déclaration de l'état de siège par le chef de l'État prend la forme d'un décret en Conseil des ministres (art. 36, alinéa 1er, de la Constitution). C'est dire que ce dernier n'agit donc pas isolément puisque ce décret est contresigné par le Premier ministre et les ministres responsables.Ce contreseing a pour effet de permettre l'éventuelle mise en jeu de la responsabilité du Gouvernement par le Parlement en cas d'usage abusif de l'état de siège.

2. La consistance du décret déclarant l'état de siège

Le décret désigne le territoire auquel il s'applique et détermine sa durée d'application (art. L. 2121-1, alinéa 2, du code de la défense).

3. Le possible recours contentieux contre le décret déclarant l'état de siège

Le décret déclarant l'état de siège est susceptible de faire l'objet d'un recours contentieux devant le juge administratif (CE, 23 octobre 1953, *Huckel*).

II. LA PROROGATION ET LA FIN DE L'ÉTAT DE SIÈGE

A. La nécessaire intervention du législateur pour proroger l'état de siège

Au-delà de douze jours d'exercice de l'état de siège, sa prorogation ne peut être autorisée que par le Parlement (art. 36, alinéa 2, de la Constitution).

B. La fin de l'état de siège

Quatre hypothèses peuvent être distinguées. La fin de l'état de siège :

- fait suite à l'absence de prorogation par le législateur de l'état de siège ;
- résulte du terme prévu par la loi de prorogation ;
- procède de la décision du chef de l'État ou du vote d'une loi en cas de prorogation de l'état d'urgence ;
- résulte de la signature de la paix lorsqu'il a été déclaré en cas de péril imminent résultant d'une guerre étrangère.

III. LES CONSÉQUENCES DE L'ÉTAT DE SIÈGE

A. Le transfert des pouvoirs de police de l'autorité civile à l'autorité militaire

Une fois déclaré, l'état de siège a pour conséquence que les pouvoirs dont l'autorité civile était investie pour le maintien de l'ordre et la police sont transférés à l'autorité militaire (art. L. 2121-2, alinéa 1er, du code de la défense). La police est donc assurée par l'armée.

B. L'extension des pouvoirs de police

Lorsque l'état de siège est décrété, l'autorité militaire peut :

- faire des perquisitions domiciliaires de jour et de nuit ;
- éloigner toute personne ayant fait l'objet d'une condamnation devenue définitive pour crime ou délit et les individus qui n'ont pas leur domicile dans les lieux soumis à l'état de siège ;
- ordonner la remise des armes et munitions, et procéder à leur recherche et à leur enlèvement ;
- interdire les publications et les réunions qu'elle juge de nature à menacer l'ordre public (art. L. 2121-7 du code de la défense).

C. La compétence exceptionnelle des juridictions militaires à l'égard des non-militaires

Dans les conditions prévues par la loi (art. L. 2121-3 à L. 2121-6 du code de la défense et art. L. 6211-4 du code des transports), l'état de siège autorise les juridictions militaires à connaître de certaines infractions commises par des non-militaires.

Fiche 39

L'ÉTAT D'URGENCE

L'état d'urgence a été institué par la loi n° 55-385 du 3 avril 1955. Cette loi a survécu à la fin de la IVe République, le Conseil constitutionnel ayant jugé que la Constitution de la Ve République, promulguée le 4 octobre 1958, « *n'a pas eu pour effet d'abroger la loi du 3 avril 1955 relative à l'état d'urgence* » (Cons. const., décision n° 85-187 DC du 25 janvier 1985, *Loi relative à l'état d'urgence en Nouvelle-Calédonie et dépendances*).

I. L'APPLICATION DE L'ÉTAT D'URGENCE

A. La déclaration de l'état d'urgence

1. Les conditions de fond

a) La présentation des conditions

L'état d'urgence peut être déclaré :

- soit en cas de péril imminent résultant d'atteintes graves à l'ordre public ;
- soit en cas d'événements présentant, par leur nature et leur gravité, le caractère de calamité publique.

b) L'important pouvoir discrétionnaire du chef de l'État

Le chef de l'État dispose d'un important pouvoir discrétionnaire pour déclarer l'état d'urgence en qualifiant telle ou telle situation de « *péril imminent* » ou de « *calamité publique* ».

2. Les conditions de forme

L'initiative de la déclaration de l'état d'urgence appartient au président de la République. Mais ce dernier n'agit pas isolément puisque la déclaration prend la forme d'un décret pris en Conseil des ministres qui est contresigné par le Premier ministre et les ministres responsables. Ce contreseing a pour effet de permettre l'éventuelle mise en jeu de la responsabilité du Gouvernement par le Parlement en cas d'usage abusif de l'état d'urgence.

B. La consistance du décret déclarant l'état d'urgence

1. La détermination du ressort géographique

a) Un ressort potentiellement important

Ce décret détermine la ou les circonscriptions territoriales à l'intérieur desquelles l'état d'urgence entre en vigueur. Il peut s'agir de tout ou partie du territoire métropolitain, des départements d'outre-mer, des collectivités d'outre-mer régies par l'article 74 de la Constitution et de la Nouvelle-Calédonie.

b) La pratique

Si l'état d'urgence a été déclaré pour la première fois en Algérie (art. 15, alinéa 1er, de la loi n° 55-385 du 3 avril 1955), il a par la suite reçu trois applications en Outre-mer et quatre applications en métropole. S'agissant de ces dernières applications, l'état d'urgence a été mis en œuvre :

- en 1958 à la suite du mouvement du 13 mai à Alger et pour prévenir le risque d'une opération aéroportée – dénommée symboliquement « Résurrection » – sur la Corse et sur le continent ;
- en 1961 en réponse au « putsch des généraux » en Algérie ;
- en 2005 afin de répondre aux violences urbaines constatées depuis le 27 octobre 2005 dans plusieurs centaines de communes ;
- et, dernièrement, en 2015 à la suite des attentats parisiens du mois de novembre.

2. L'autorisation des perquisitions administratives

Le ministre de l'Intérieur et le préfet ne disposent du pouvoir d'ordonner des perquisitions administratives que lorsqu'une disposition du décret déclarant ou de la loi prorogeant l'état d'urgence le prévoit expressément.

C. La prorogation et la fin de l'état d'urgence

1. La nécessaire intervention du législateur pour proroger l'état d'urgence

La prorogation de l'état d'urgence au-delà de douze jours ne peut être autorisée que par la loi. Cette loi autorisant la prorogation de l'état d'urgence fixe sa durée définitive.

2. La fin anticipée de l'état d'urgence

Généralement, les lois prorogeant l'état d'urgence ont autorisé le chef de l'État à mettre fin à cet état d'exception avant l'expiration du délai fixé par le Parlement lorsque son maintien n'est plus nécessaire. Cette compétence satisfait au principe du parallélisme des formes en même temps qu'elle rappelle que l'état d'urgence doit demeurer temporaire. C'est d'ailleurs un décret présidentiel du 3 janvier 2006 qui a mis fin à l'application de l'état d'urgence qui avait été prorogée par la loi du 18 novembre 2005 pour une période de trois mois à compter du 21 novembre 2005.

3. Les hypothèses de caducité de la loi prorogeant l'état d'urgence

La loi prorogeant l'état d'urgence est caduque à l'issue d'un délai de quinze jours francs suivant la date de démission du Gouvernement ou de dissolution de l'Assemblée nationale.

D. Les pouvoirs de police administrative étendus

1. Les pouvoirs confiés au ministre de l'Intérieur et aux préfets

L'état d'urgence confère au ministre de l'Intérieur et aux préfets des pouvoirs de police particulièrement étendus. Il suffit de citer, par exemple, le pouvoir d'ordonner des perquisitions en tout lieu (y compris dans un domicile) de jour comme de nuit, d'interdire la circulation des personnes ou des véhicules dans certains lieux et à des heures précises, d'instituer des zones de protection ou de sécurité où le séjour des personnes est réglementé, d'assigner à résidence toute personne à l'égard de laquelle il existe des raisons sérieuses de penser que son comportement constitue une menace pour la sécurité et l'ordre publics ou encore de fermer provisoirement des salles de spectacles, débits de boissons et lieux de réunion.

2. Les atteintes aux droits et libertés

La mise en œuvre des pouvoirs de police dans le cadre de l'état d'urgence constitue des atteintes aux droits et libertés, tels que l'inviolabilité du domicile, le droit au respect de la vie privée, ou encore les libertés d'aller et venir, de réunion et d'expression. De fait, par une lettre adressée au secrétaire général du Conseil de l'Europe le 24 novembre 2015 en vertu du paragraphe 3 de l'article 15 de la Convention européenne de sauvegarde des droits de l'Homme et des libertés fondamentales (CESDH), la France a fait savoir que certaines des mesures prises dans le cadre de l'état d'urgence « *sont susceptibles d'impliquer une dérogation aux obligations résultant de la Convention* ».

II. LES CONTRÔLES DE L'ÉTAT D'URGENCE

Afin de « *raisonner la raison d'État* » (Mireille Delmas-Marty), la puissance publique a institué différents contrôles de l'état d'urgence à la fois juridictionnels et non juridictionnels.

A. Les contrôles juridictionnels

S'inscrivant dans le cadre de l'État de droit, l'état d'urgence fait une large place au droit au recours juridictionnel. L'autorité judiciaire n'a qu'une compétence de second plan qu'elle exerce, soit au titre de la répression des infractions pénales prévues en cas de violation de la loi relative à l'état d'urgence, soit dans le cadre des poursuites judiciaires consécutives aux opérations de police administrative. En revanche, les juges administratifs et le Conseil constitutionnel sont mobilisés en première ligne pour connaître des mesures prises sur le fondement de la loi du 3 avril 1955.

1. Le contrôle limité de la déclaration de l'état d'urgence et de son maintien en vigueur

Tant la déclaration de l'état d'urgence que la décision du chef de l'État de ne pas y mettre fin peuvent être contestées devant le juge administratif.

a) Le contrôle de la déclaration de l'état d'urgence

La décision par laquelle le chef de l'État déclare l'état d'urgence n'est pas un acte de gouvernement. Elle peut être soumise au contrôle de la légalité du juge administratif du moins tant qu'aucune loi n'est intervenue pour proroger l'état d'urgence (CE, Ass., 24 mars 2006, *Rolin et Boisvert*). Ce contrôle est limité dans la mesure où le chef de l'État dispose d'un important pouvoir discrétionnaire pour déclarer l'état d'urgence en qualifiant telle ou telle situation de « *péril imminent* » ou de « *calamité publique* ».

b) Le contrôle du maintien en vigueur de l'état d'urgence

Le juge des référés du Conseil d'État admet de statuer sur des conclusions tendant à ce qu'il soit enjoint au chef de l'État de mettre fin à l'état d'urgence avant l'expiration du délai prévu par la loi de prorogation (CE, ord., 9 décembre 2005, *Mme Allouache et autres* et CE, ord., 27 janvier 2016, *Ligue des droits de l'Homme et autres*). Le contrôle exercé par le juge est limité. Il s'agit de ménager le « *large pouvoir d'appréciation* » dont dispose le chef de l'État « *pour faire ou non usage de la faculté qui lui est reconnue par la loi de mettre fin à l'état d'urgence avant l'expiration du délai [...] prévu par celle-ci* » (CE, ord., 27 janvier 2016, préc.). Aussi, est-il peu vraisemblable que le juge des référés du Conseil d'État – qui statue en principe seul – enjoigne au chef de l'État de réexaminer la situation et plus encore de mettre fin à l'état d'urgence.

2. Le contrôle étendu des mesures de police administrative

a) Le récent contrôle exercé par le Conseil constitutionnel

En 1985, si la loi relative à l'état d'urgence en Nouvelle-Calédonie et dépendances est déférée au Conseil constitutionnel, ce dernier n'a pas saisi cette occasion pour contrôler la constitutionnalité de la loi du 3 avril 1955. C'est finalement grâce à la question prioritaire de constitutionnalité (QPC) que le Conseil constitutionnel a pu contrôler la constitutionnalité de certaines dispositions de la loi du 3 avril 1955. Malgré un contrôle parfois restreint, le Conseil constitutionnel a apporté d'utiles précisions relatives au cadre juridique de certaines des mesures de police et à l'étendue du contrôle du juge administratif sur ces mesures. Par exemple, le Conseil a limité dans le temps les effets des assignations à résidence, des mesures de fermetures provisoires des salles de spectacle, débits de boissons et lieux de réunion ainsi que des mesures d'interdiction de réunion (Cons. const., décisions n°s 2015-527 QPC du 22 décembre 2015 et 2016-535 QPC du 19 février 2016).

b) Le renforcement du contrôle exercé par le juge administratif

Deux évolutions sont à relever :

- d'une part, l'approfondissement du contrôle de légalité. Au « *contrôle au rabais* » (Xavier Domino) initialement exercé par le juge administratif de l'excès de pouvoir (CE, 16 décembre 1955, *Dame Bourokba*), s'est substitué un entier contrôle de proportionnalité dans le prolongement de la jurisprudence classique *Benjamin* (CE, Ass., 24 mars 2006, *Rolin et Boisvert*). Le juge administratif exerce désormais un triple contrôle de proportionnalité sur le caractère adapté, nécessaire et proportionné des mesures de police administrative (par ex., CE, avis, 6 juillet 2016, *M. Napol et M. Thomas*) ;

- d'autre part, le contrôle rapide et vigilant du juge de l'urgence via les référés d'urgence et, en particulier, le référé-liberté. Par exemple, le juge des référés du Conseil d'État a pu suspendre un arrêté assignant à résidence une personne au motif « *qu'aucun élément suffisamment circonstancié produit par le ministre de l'Intérieur ne permet(tait) de justifier* » que cette personne appartenait à la mouvance islamiste radicale (CE, ord., 22 janv. 2016). Par ailleurs, la loi n° 2016-987 du 21 juillet 2016 prorogeant l'application de la loi relative à l'état d'urgence a doté le juge des référés du tribunal administratif d'un pouvoir inédit. Ce dernier est désormais compétent pour autoriser l'exploitation des données saisies au cours d'une perquisition administrative. En cas de refus du juge des référés, et sous réserve d'un appel devant le juge des référés du Conseil d'État, les données copiées sont détruites et les supports saisis sont restitués à leur propriétaire.

c) L'amélioration de l'accès au droit à l'indemnisation

Dans son avis *M. Napol et M. Thomas*, le Conseil d'État a amélioré l'accès au droit à l'indemnisation en jugeant que :

- toute illégalité affectant la décision qui ordonne une perquisition administrative est constitutive d'une faute susceptible d'engager la responsabilité de l'État ; 161
- les personnes concernées par les perquisitions administratives peuvent engager la responsabilité pour faute – simple – de l'État en cas de dommages résultant des conditions matérielles d'exécution des perquisitions ;
- les tiers peuvent engager la responsabilité sans faute de l'État, sur le fondement de l'égalité des citoyens devant les charges publiques, en cas de dommages directement causés par les perquisitions administratives.

B. Les contrôles non juridictionnels

Les contrôles non juridictionnels de l'état d'urgence sont nombreux. Deux contrôles non juridictionnels de l'état d'urgence méritent plus particulièrement d'être cités.

1. Le contrôle parlementaire de l'état d'urgence

Il s'agit d'un contrôle en temps réel des mesures prises dans le cadre de l'état d'urgence qui s'exerce en sus du contrôle classique *a posteriori* de l'action du Gouvernement prévu au titre de l'article 24 de la Constitution.

a) Un contrôle prévu par l'article 4-1 de la loi du 3 – avril 1955

Le principe du contrôle parlementaire de l'état d'urgence figure à l'article 4-1 de la loi du 3 avril 1955. Cet article impose au Gouvernement d'informer « *sans délai* » l'Assemblée nationale et le Sénat des mesures qu'il prend pendant l'état d'urgence. En ce sens, les autorités administratives sont dans l'obligation de transmettre aux assemblées copie de tous les actes pris en application de l'état d'urgence. En outre, les deux assemblées « *peuvent requérir toute information complémentaire dans le cadre du contrôle et de l'évaluation de ces mesures* ».

b) Un contrôle exercé par les commissions des lois de l'Assemblée nationale et du Sénat

Il s'agit d'un contrôle inédit sous la Ve République, qui repose sur les commissions des lois de l'Assemblée nationale et du Sénat. Dans les faits, ces commissions ont contrôlé de manière permanente et effective les mesures prises dans le cadre de l'état d'urgence. En particulier, et de façon tout à fait originale, la commission des lois de l'Assemblée nationale s'est fait communiquer auprès du Gouvernement des données statistiques exhaustives concernant les mesures de police adoptées en application de l'état d'urgence et les a mises en ligne « *au fil de l'eau* » sous forme de tableaux sur une page dédiée de son site internet.

2. Le contrôle du Défenseur des droits

a) Le nombre important des saisines

Entre le 26 novembre 2015 et le 9 septembre 2016, le Défenseur des droits a reçu 60 saisines concernant des mesures expressément prises au titre de l'état d'urgence dont 38 saisines relatives à des perquisitions et 19 relatives à des assignations à résidence.

b) Les pouvoirs du Défenseur des droits

À l'issue de l'instruction de ces dossiers, le Défenseur des droits a pu « *régler des situations très concrètes comme l'aménagement des assignations à résidence pour tenir compte d'un certain nombre de contraintes objectives, comme des horaires de cours par exemple* » (Jacques Toubon) et formuler des recommandations relatives aux mesures de police administrative prises dans le cadre de l'état d'urgence. Par exemple, le 26 février 2016, le Défenseur des droits a formulé des recommandations générales relatives à l'usage des perquisitions administratives lorsque les forces de police et de gendarmerie interviennent dans un domicile où sont présents des enfants. En écho à ces recommandations, le Conseil d'État dans son avis contentieux *M. Napol et M. Thomas* du 6 juillet 2016 a indiqué que « *lors de la perquisition, il importe de veiller au respect de la dignité des personnes et de prêter une attention toute particulière à la situation des enfants mineurs qui seraient présents. L'usage de la force ou de la contrainte doit être strictement limité à ce qui est nécessaire au déroulement de l'opération et à la protection des personnes* ».

TITRE II

LE PRINCIPE DE RESPONSABILITÉ

Fiche 40

LE PRÉJUDICE RÉPARABLE

Quel que soit le régime de responsabilité envisagé – pour faute ou sans faute –, le préjudice ne sera réparable que s'il présente un certain nombre de caractères.

I. LE PRÉJUDICE CERTAIN

Le préjudice purement hypothétique n'est pas réparable. Il faut donc que l'existence du dommage soit établie. Il appartient au juge de rechercher si le préjudice invoqué existe bien (CE, 2 avril 1971, *Ministre de la Santé publique c/ Marchand*). L'appréhension du caractère certain est plus ou moins aisée selon que les dommages sont actuels ou futurs. Par ailleurs, le juge accepte d'indemniser la perte d'une chance.

A. Le préjudice actuel et futur

1. Le préjudice actuel

Le dommage actuel ouvre droit à réparation. Il est en principe extrêmement facile de vérifier si son existence est incontestable. Par exemple, les locataires d'un bien immobilier peuvent être indemnisés des travaux qui ont été rendus nécessaires par une opération de travaux publics et qu'ils ont réalisés avec l'accord du propriétaire (CE, 19 juin 2013, *Mme Delpierre*).

2. Le préjudice futur

Le préjudice certes futur, mais inévitable peut être réparé. Par exemple, les victimes d'accidents du travail ayant droit au renouvellement des appareils de prothèse et d'orthopédie nécessités par l'infirmité résultant de l'accident, l'obligation pour la caisse de sécurité sociale de renouveler périodiquement ces appareils constitue un préjudice certain (CE, 13 mai 1977, *Marie*).

B. La perte d'une chance

Le juge administratif accepte d'indemniser la perte d'une chance. Par exemple, il y a perte de chance lorsqu'un patient victime d'une contamination par le virus du SIDA n'a pas été informé des risques que lui faisaient courir les transfusions qu'il a subies et qui n'étaient pas indispensables au traitement de l'affection dont il souffrait (CE, 27 févr. 2002, *Assistance publique de Marseille et Fonds d'indemnisation des transfusés et hémophiles*).

II. LE PRÉJUDICE ÉVALUABLE EN ARGENT

Le préjudice doit être évaluable en argent, car le juge ne peut accorder qu'une réparation par équivalent. En présence d'un préjudice matériel causé à une personne (dommages corporels) ou à un bien (dégradation, destruction, etc.), cette exigence ne soulève aucune difficulté : l'évaluation du préjudice repose sur des données objectives. En revanche, elle soulève davantage de difficultés lorsque le juge est en présence de dommages immatériels.

1. La réparation des préjudices moraux

Le juge administratif accepte d'indemniser les préjudices moraux. Par exemple, peut être réparé le préjudice subi par une femme du fait de son interpellation par un agent de police municipale agissant sur ordre du maire aux fins de vérifier si elle était inscrite sur le registre de la police des mœurs (CE, 21 février 1936, *Demoiselle Ducassé*).

2. La réparation de la douleur morale

La douleur morale est « *l'atteinte aux sentiments d'affection liant une personne à celle dont le fait dommageable a provoqué le décès ; mais aussi le désarroi ou l'anxiété qu'a pu provoquer dans l'esprit d'une personne la révélation qu'elle était atteinte d'une maladie ou d'un risque de maladie grave* » (René Chapus).

a) Le refus traditionnel d'indemniser la douleur morale

Traditionnellement, le juge administratif refusait d'indemniser la douleur morale (CE, 29 octobre 1954, *Bondurand*). Était ainsi exprimée l'idée selon laquelle « *les larmes ne se monnayent pas* ».

b) La réparation de la douleur morale

Dans son arrêt *Consorts Letisserand* rendu le 24 novembre 1961, le Conseil d'État juge que « *la douleur morale [...] est par elle-même génératrice d'un préjudice indemnisable* ».

Fiche 41

LE LIEN DE CAUSALITÉ

Le lien de causalité exige que le dommage subi par la victime soit « *en relation directe et certaine* » avec le fait imputable à l'administration (CE, 4 octobre 1968, *Dlle Doukakis*).

I. LES MÉTHODES D'APPRÉCIATION DU LIEN DE CAUSALITÉ

A. L'équivalence des conditions

C'est la méthode d'appréciation du lien de causalité qui est la plus extensive : toutes les conditions qui ont contribué à la réalisation du dommage sont considérées comme autant de causes de ce dommage.

B. La proximité de la cause

C'est la méthode d'appréciation du lien de causalité qui est la plus restrictive : seul le dernier des faits qui a rendu le dommage possible est considéré comme la cause du dommage. Or, cette cause n'est pas nécessairement la plus pertinente.

C. La causalité adéquate

1. La méthode privilégiée par le juge administratif

C'est cette méthode d'appréciation du lien de causalité qui a les faveurs du juge administratif : « *seul un fait qui devait raisonnablement entraîner un dommage peut en être réputé la cause* » (Raymond Odent). Elle traduit le pouvoir du juge de sélectionner et de hiérarchiser les causes d'un dommage.

2. L'illustration jurisprudentielle

Voilà un camion accidenté à la suite de l'affaissement d'une chaussée au moment de son passage. Après réparation, ce camion a roulé sur plusieurs kilomètres pour s'immobiliser à nouveau en raison d'une fuite de moteur. Le Conseil d'État juge que l'affaissement de la chaussée n'a qu'un « *lien indirect* » avec la surchauffe du moteur, le conducteur ayant remis en marche le véhicule sans s'être assuré de l'étanchéité du radiateur (CE, 14 octobre 1966, *Marais*).

II. LA PRISE EN COMPTE DES CAUSES ÉTRANGÈRES

Les causes étrangères au défendeur peuvent contribuer à la réalisation du dommage. Cause inconnue, le cas fortuit est une cause exonératoire de responsabilité, mais il n'est pas une cause étrangère au défendeur. C'est le cas, par exemple, de l'explosion d'un cuirassé qui a pour origine une cause inconnue (CE, 10 mai 1912, *Ambrosini).*

A. La faute de la victime

1. La définition

La faute de la victime permet d'exonérer en tout ou partie l'administration de sa responsabilité.

2. L'illustration jurisprudentielle

Par exemple, en ce qui concerne un accident de la circulation causé par un défaut d'entretien normal de la voie publique, le motard qui n'a pas fait preuve de toute la prudence nécessaire pour adapter la conduite de son véhicule aux dangers de la chaussée dont il connaissait l'existence commet une faute de nature à atténuer la responsabilité de la puissance publique (CE, 17 mai 2000, *Département de la Dordogne*).

B. Le fait du tiers

1. La définition

Le fait du tiers désigne le fait imputable à une personne autre que la collectivité publique dont la responsabilité est recherchée et étrangère à la victime. En principe, il peut constituer une cause d'exonération ou d'atténuation de la responsabilité en matière de responsabilité pour faute.

2. L'illustration jurisprudentielle

Par exemple, si le maire commet une faute de nature à engager la responsabilité de la commune en ne prenant pas les mesures nécessaires pour empêcher les enfants de quitter le collège d'enseignement secondaire afin de rejoindre leur domicile par leurs propres moyens alors qu'un cyclone a atteint l'île de la Réunion et que le plan d'organisation des secours a été déclenché par le Préfet, la noyade des élèves est également imputable au fait que les responsables du collège les ont laissés quitter l'établissement sans s'assurer qu'ils pouvaient le faire sans danger (CE, 14 mai 1986, *Commune de Cilaos*).

C. La force majeure

1. La définition

La force majeure se caractérise par la survenance d'un événement extérieur au défendeur, imprévisible et irrésistible au regard de ses effets. Elle est une cause exonératoire de responsabilité.

2. L'illustration jurisprudentielle

Par exemple, ont le caractère d'un événement de force majeure les inondations provoquées par les pluies – dues à un cyclone – « *en raison de leur violence et de leur intensité exceptionnelles et imprévisibles par rapport à tous les précédents connus* » (CE, 27 juillet 1988, *Cie marseillaise de Madagascar*).

Fiche 42

L'ÉVALUATION DU PRÉJUDICE

I. LA DATE D'ÉVALUATION DU PRÉJUDICE

Il s'agit de savoir à quelle date le préjudice doit être évalué pour fixer le montant de la réparation.

A. La solution ancienne

Traditionnellement, le préjudice était évalué à la date de sa réalisation. Cette solution n'était pas satisfaisante en raison de la dépréciation de la monnaie dans la mesure où une longue période peut séparer la date du dommage et la date du jugement.

B. La solution contemporaine

La solution contemporaine résulte de deux arrêts rendus par le Conseil d'État le 21 mars 1947 : *Compagnie générale des eaux* et *Dame veuve Aubry*. Désormais, il faut distinguer selon que le dommage est corporel ou matériel.

1. L'évaluation du préjudice corporel au jour de la décision

En ce qui concerne les dommages causés aux personnes, le juge décide qu'ils doivent être évalués à la date à laquelle l'autorité – l'administration ou le juge – fixe l'indemnité. Afin de prendre en compte la dévalorisation de la monnaie postérieurement à la date à laquelle le juge statue, le Conseil d'État a jugé qu'« *aucune disposition législative n'interdit au juge, qui est tenu d'assurer une indemnisation intégrale du préjudice quelles que soient les circonstances économiques, d'indexer les rentes qu'il accorde* » (CE, 12 juin 1981, *Centre hospitalier de Lisieux*).

2. L'évaluation du préjudice matériel

a) Le principe : une évaluation à date de la réalisation du préjudice

En ce qui concerne les dommages causés aux biens, le principe est qu'ils sont évalués à la date de la réalisation du préjudice ou, s'ils présentent un caractère évolutif, « *à la date où, leur cause ayant pris fin et leur étendue étant connue, il pouvait être procédé aux travaux destinés à les réparer* » (CE, 21 mars 1947, *Compagnie générale des eaux*). C'est le cas généralement pour la destruction de biens mobiliers.

b) L'exception : une évaluation postérieure à date de la réalisation du préjudice

L'évaluation est reportée postérieurement à date de la réalisation du préjudice lorsque la victime a été empêchée de le réparer immédiatement.

II. LE CALCUL DE L'INDEMNITÉ

A. L'indemnité principale

1. Le principe de la réparation intégrale

Le principe est celui de la réparation intégrale du préjudice. Il en découle que la réparation accordée à la victime ne doit ni l'appauvrir ni l'enrichir.

2. Le versement de l'indemnité sous forme de capital ou de rente

L'indemnité peut être versée sous forme de capital ou de rente.

B. Les indemnités accessoires

Peuvent notamment être versés :

- des intérêts moratoires afin de « *compenser l'impossibilité dans laquelle [la victime] s'est trouvée de disposer d'emblée de la somme en cause et de la faire fructifier* » (Mattias Guyomar et Bertrand Seiller) ;
- des intérêts compensatoires « *par lesquels le bénéficiaire du jugement est susceptible d'obtenir l'indemnisation du préjudice que lui cause le retard anormal de paiement de la somme réclamée en raison du mauvais vouloir manifeste de la partie perdante* » (*id.*).

Fiche 43

LA DISTINCTION ENTRE LA FAUTE SIMPLE ET LA FAUTE LOURDE

I. LA NOTION DE FAUTE

A. La définition

En principe, le fait dommageable doit présenter un caractère fautif. La faute est définie classiquement comme « *un manquement à une obligation préexistante* » (Marcel Planiol). C'est dire que la faute est celle du service qui a mal fonctionné. Elle peut être le fait d'un agent public déterminé ou demeurée anonyme.

B. La diversité des fautes

Les fautes de l'administration sont très diverses. Il est possible de distinguer deux catégories principales de fautes.

1. La faute résultant de l'illégalité d'une décision administrative

a) Le principe : toute illégalité est fautive

Si la décision administrative est illégale, elle est par là même fautive (CE, 26 janvier 1973, *Driancourt*).

b) La portée du principe : toute illégalité n'est pas réparée

Si toute illégalité est fautive, toute illégalité n'ouvre pas nécessairement droit à réparation. Pour qu'il y ait réparation, il faut que les dommages subis par la victime aient pour origine l'illégalité elle-même. En ce sens, l'illégalité n'engagera la responsabilité de l'administration que dans l'hypothèse où, si elle n'avait pas été commise, la décision finale aurait été substantiellement différente. Par exemple, si la fermeture d'un sanatorium est annulée pour motif matériellement inexact, l'illégalité fautive n'engage pas la responsabilité de l'administration dès lors que d'autres motifs justifiaient la fermeture (CE, 15 juillet 1964, *Prat-Flottes*).

2. La faute résultant d'un fait matériel

Un simple fait matériel peut être fautif. Tel est le cas, par exemple, du retard abusif de l'administration (CE, 11 mars 2009, *Lafforgue* à propos de l'absence de publication des textes réglementaires permettant la titularisation d'un agent contractuel du ministère de l'équipement).

C. L'établissement de la faute

1. Le principe : la faute prouvée

En principe, la faute doit être prouvée par la victime. La situation de la victime est cependant compensée par le caractère inquisitorial de la procédure qui permet au juge administratif « *d'exiger de l'administration compétente la production de tous documents susceptibles d'établir sa conviction et de nature à permettre la vérification des allégations du requérant* » (CE, 1er mai 1936, *Couëspel du Mesnil*).

2. L'exception : la présomption de faute

Parfois, la faute est présumée. La victime n'a pas à établir l'existence de la faute administrative. C'est l'administration qui doit prouver qu'elle n'a pas commis de faute. Par exemple, une telle présomption de faute est instituée :

- au profit des usagers des ouvrages publics victimes de dommages accidentels à charge pour l'administration d'apporter la preuve que les ouvrages ont été normalement aménagés et entretenus (CE, 5 juin 1992, *Époux Cala*) ;
- par l'article L. 1142-1 du code de la santé publique (CSP) à propos des dommages résultant d'infections nosocomiales.

II. LA GRAVITÉ DE LA FAUTE

A. La notion de faute lourde

1. L'autonomie du droit de la responsabilité administrative

En droit privé, il résulte des articles 1240 et 1241 du code civil que toute faute même légère engage en principe la responsabilité de son auteur. En raison de l'autonomie du droit de la responsabilité administrative (TC, 8 février 1873, *Blanco*), le juge administratif n'engage parfois la responsabilité de l'administration que si elle a commis une faute qualifiée.

2. L'échelle de gravité des fautes

a) La distinction traditionnelle

Traditionnellement, le juge exigeait parfois :

- une faute simple ;
- une faute lourde ;
- une faute manifeste et d'une particulière gravité.

b) La distinction contemporaine

Depuis l'arrêt *Dame Husson-Chiffre* rendu par le Conseil d'État le 21 décembre 1962, l'échelle de gravité des fautes est simplifiée : soit la faute est simple soit elle est lourde. La faute lourde est toujours expressément qualifiée comme telle par le juge. Au contraire, la faute simple n'est pas qualifiée par le juge administratif.

B. Les raisons de l'exigence d'une faute lourde

1. La raison historique

Historiquement, la faute lourde se présente comme « *un héritage édulcoré d'un ancien principe d'irresponsabilité de la puissance publique* [...]. *L'équité [...] a conduit* [le juge administratif] *à atténuer la rigueur de ce principe et à indemniser les victimes de certains actes de puissance publique, lorsqu'il [...] apparaissait que l'administration avait commis une faute caractérisée* » (Jacques-Henri Stahl).

2. Les autres motifs

Deux motifs peuvent justifier l'exigence d'une faute lourde : « *la difficulté technique de l'activité [et] la nature régalienne du service* » (Hubert Legal).

Fiche 44

LE NET RECUL DE LA FAUTE LOURDE

Le droit de la responsabilité administrative pour faute est aujourd'hui caractérisé par le net recul de la faute lourde. Ce net recul relativise la formule de l'arrêt Blanco selon laquelle la responsabilité de l'État « *n'est ni générale ni absolue* » (TC, 8 février 1873, *Blanco*).

I. L'ABANDON DE LA FAUTE LOURDE

Les domaines sont nombreux où le juge administratif se contente aujourd'hui d'une faute simple.

A. Les services hospitaliers

1. Les règles antérieures à la jurisprudence *Époux V.*

Antérieurement à l'arrêt *Époux V.* rendu par le Conseil d'État le 10 avril 1992, le juge administratif exigeait soit une faute simple soit une faute lourde en fonction de la nature de l'acte en cause

a) Les activités hospitalières d'ordre administratif soumises au régime de la faute simple

En ce qui concerne les dommages causés par les activités hospitalières d'ordre administratif, le juge se contentait d'une faute simple. Par exemple, constituait une faute de nature à engager la responsabilité de l'administration, le défaut d'information d'une personne hospitalisée sur les conséquences de son transfert dans une unité de long séjour entraînant une augmentation très importante des dépenses restant à sa charge (CE, 11 janvier 1991, *Mme Biancale*).

b) Les actes de soins courants soumis au régime de la faute simple

En ce qui concerne les dommages consécutifs aux actes de soins courants – qui peuvent être exécutés sans l'intervention ou la surveillance d'un médecin –, le juge se contentait d'une faute simple (CE, 26 juin 1959, *Rouzet*).

c) Les actes médicaux soumis au régime de la faute lourde

En ce qui concerne les dommages consécutifs aux actes médicaux ou chirurgicaux, le juge exigeait une faute lourde. Par exemple, constituait une telle faute, l'oubli par le chirurgien d'un corps étranger dans l'abdomen du patient qui a été rejeté plus tard par vomissement: CE, 12 mars 1975, *Sieur Brenckle*.

2. La jurisprudence *Époux V.*

Avec l'arrêt *Époux V.* la responsabilité des services publics hospitaliers peut être engagée pour faute simple y compris lorsque le dommage résulte d'un acte médical (en l'espèce, des erreurs commises au cours d'une césarienne).

B. Les services de police

1. L'abandon du principe de l'irresponsabilité de l'État pour les services de police

Par son arrêt *Tomaso Grecco* du 10 février 1905, le Conseil d'État abandonne le principe d'irresponsabilité qui régissait jusqu'alors la responsabilité du fait des services de police (CE, 13 janvier 1899, *Lepreux*).

2. La distinction traditionnelle entre les opérations matérielles d'exécution et les opérations juridiques

a) Les opérations matérielles d'exécution soumises au régime de la faute lourde

Concernant les dommages résultant d'une opération matérielle d'exécution, c'est-à-dire d'une opération sur le terrain, le juge exigeait une faute lourde. Par exemple, a commis une telle faute le policier qui a procédé à l'éviction brutale du commissariat d'un jeune de 17 ans appréhendé alors qu'il était en état d'ébriété; cette éviction ayant conduit à sa chute et à son décès (CE, 10 décembre 1986, *Robert*).

b) Les opérations juridiques soumises au régime de la faute simple

Concernant les dommages résultant d'une opération juridique de police, c'est-à-dire relative à une activité juridique d'édiction, le juge exigeait en principe une faute simple (CE, 13 février 1942, *Ville de Dôle*). Par exemple, a commis une telle faute le maire qui s'est abstenu de prendre les mesures nécessaires pour limiter l'accès à un terrain de sport afin de réduire les nuisances sonores causées au voisinage par la fréquentation de ce terrain (CE, 28 novembre 2003, *Commune de Moissy-Cramayel*).

3. La diffusion contemporaine de la faute simple

Aujourd'hui, le juge se contente en principe d'une faute simple y compris lorsque c'est une opération matérielle de police qui est à l'origine du dommage. Par exemple, c'est le cas pour:

- les dommages résultant des activités de la police aux frontières (CE, 9 décembre 2015, *M. Ali-Mehenni et Mme Mehault*);
- les dommages résultant de l'exécution d'une perquisition administrative ordonnée dans le cadre de l'état d'urgence (CE, avis contentieux, 6 juillet 2016, *Napol et autres*).

C. Les services fiscaux

1. L'exigence traditionnelle d'une faute lourde

En vertu de la jurisprudence *Dame Husson-Chiffre* du 21 décembre 1962 (CE), la responsabilité de l'État du fait des dommages causés par les opérations d'assiette et de recouvrement de l'impôt était subordonnée à une faute lourde.

2. L'abandon de la faute lourde

L'abandon de la faute lourde s'est fait en deux temps.

a) L'abandon d'abord partiel

Par son arrêt *Mme Bourgeois* rendu par le 27 juillet 1990, le Conseil d'État considère que la faute simple suffit pour les dommages résultant des « *opérations qui, si elles se rattachent aux procédures d'établissement et de recouvrement de l'impôt, ne comportent pas de difficultés particulières tenant à l'appréciation de la situation des contribuables* ».

b) L'abandon ensuite total

Par son arrêt *M. Krupa* du 21 mars 2011, le Conseil d'État juge qu'« *une faute commise par l'administration lors de l'exécution d'opérations se rattachant aux procédures d'établissement et de recouvrement de l'impôt est de nature à engager la responsabilité de l'État* ». Toute l'activité fiscale est désormais soumise au régime de la faute simple.

D. Les services pénitentiaires

1. L'exigence traditionnelle d'une faute lourde

Traditionnellement, l'engagement de la responsabilité de l'administration pénitentiaire était subordonné à une faute lourde (CE, 30 octobre 1958, *Rakotoarinovy*).

2. L'abandon de la lourde

Le Conseil d'État a abandonné l'exigence de faute lourde en ce qui concerne :

- les suicides de détenus (CE, 23 mai 2003, *Chabba*) ;
- et les décès accidentels (CE, 17 décembre 2008, *Zaouiya*).

II. LE MAINTIEN RÉSIDUEL DE LA FAUTE LOURDE

L'exigence de la faute lourde est maintenue dans certains domaines. C'est le cas en matière d'activités de contrôle et de service public de la justice.

A. Les activités de contrôle

Est subordonné à une faute lourde, l'engagement de la responsabilité des autorités de contrôle. Il peut s'agir du contrôle exercé par :

- le préfet vis-à-vis des autorités locales (CE, 18 novembre 2005, *Société fermière de Campoloro)* ;
- les autorités de contrôle bancaire (CE, 30 novembre 2001, *Époux Kechichian*) ;

- les autorités de contrôle des assurances (CE, 18 février 2002, *Groupe Norbert Dentressangle*).

B. Le service public de la justice

1. La responsabilité du fait du service public de la justice judiciaire

a) L'exigence d'une faute lourde consacrée par la loi

Si « *l'État est tenu de réparer le dommage causé par le fonctionnement défectueux du service de la justice* », l'article L. 141-1 du code de l'organisation judiciaire précise que « *cette responsabilité n'est engagée que par une faute lourde ou par un déni de justice* ».

b) La définition jurisprudentielle de la faute lourde

Selon l'assemblée plénière de la Cour de cassation, la faute lourde correspond à « *toute déficience caractérisée par un fait ou une série de faits traduisant l'inaptitude du service public de la justice à remplir la mission dont il est investi* » (Cass., ass. plén., 23 févr. 2001, *Consorts Bolle-Laroche*). En matière de contrôle d'identité, la Cour de cassation considère qu'une telle faute est caractérisée par l'exécution de « *contrôles d'identités réalisés selon des critères tirés de caractéristiques physiques associées à une origine, réelle ou supposée, sans aucune justification objective préalable* » (Cass., 1re civ., 9 novembre 2016, nos 15-25.873, 15-25.876 et 15-25.877).

2. La responsabilité du fait du service public de la justice administrative

a) La jurisprudence Darmont

Dans son arrêt *Darmont* du 29 décembre 1978, le Conseil d'État juge que « *si, en vertu des principes généraux régissant la responsabilité de la puissance publique, une faute lourde commise dans l'exercice de la fonction juridictionnelle par une juridiction administrative est susceptible d'ouvrir droit à indemnité, l'autorité qui s'attache à la chose jugée s'oppose à la mise en jeu de cette responsabilité, dans le cas où la faute lourde alléguée résulterait du contenu même de la décision juridictionnelle et où cette décision serait devenue définitive* ». C'est dire que la responsabilité pour faute lourde de l'État ne peut être engagée qu'en cas de fonctionnement défectueux de la justice et non en raison du contenu de la décision juridictionnelle.

b) Les limites à la jurisprudence Darmont

Il existe deux limites à la jurisprudence *Darmont:*

- d'une part, la responsabilité de l'État peut être engagée lorsque le contenu de la décision juridictionnelle est entaché d'une violation manifeste d'une norme de l'Union européenne ayant pour objet de conférer des droits aux particuliers (CE, 18 juin 2008, *Gestas*);
- et, d'autre part, la responsabilité de l'État peut être engagée pour faute simple lorsque la juridiction administrative a dépassé le délai raisonnable de jugement d'une affaire (CE, 28 juin 2002, *Magiera*).

Fiche 45

LA RESPONSABILITÉ FONDÉE SUR LE RISQUE

Le développement de la responsabilité sans faute fondée sur le risque participe de la socialisation des risques. Il permet de relativiser la formule de l'arrêt *Blanco* selon laquelle la responsabilité de l'État « *n'est ni générale ni absolue* » (TC, 8 février 1873, *Blanco*). Ce risque peut être de nature différente.

I. LE RISQUE PROFESSIONNEL

A. Les accidents subis par les collaborateurs permanents de l'administration

1. La jurisprudence Cames

La responsabilité sans faute fondée sur le risque professionnel a été consacrée par l'arrêt *Cames* rendu le 21 juin 1895. Comme l'indique le commissaire du Gouvernement Romieu, « *l'État doit garantir ses ouvriers contre le risque résultant des travaux qu'il leur fait exécuter* ». En l'espèce, le Conseil d'État juge que l'État doit réparer les conséquences de l'accident subi par le sieur Cames, ouvrier à l'arsenal de Tarbes, qui avait été blessé par un éclat de métal projeté sous le choc d'un marteau-pilon.

2. La portée limitée de la jurisprudence Cames

a) La réparation forfaitaire de l'atteinte à l'intégrité physique

Aujourd'hui, l'application de la jurisprudence *Cames* aux agents permanents du service public est très restreinte dans la mesure où, en principe, les régimes législatifs de pension – soit notamment les dispositions du code des pensions civiles et militaires de retraite – déterminent « *forfaitairement la réparation à laquelle un fonctionnaire victime d'un accident de service ou atteint d'une maladie professionnelle peut prétendre, au titre de l'atteinte qu'il a subie dans son intégrité physique, dans le cadre de l'obligation qui incombe aux collectivités publiques de garantir leurs agents contre les risques qu'ils peuvent courir dans l'exercice de leurs fonctions* » (CE, 4 juillet 2003, *Mme Moya-Caville*).

b) La réparation des souffrances physiques ou morales et des préjudices esthétiques ou d'agrément : une réparation fondée sur le risque

Il reste que le fonctionnaire qui a enduré, du fait de l'accident ou de la maladie, des souffrances physiques ou morales et des préjudices esthétiques ou d'agrément – souffrances et préjudices qui ne sont pas couverts par le forfait de pension –, peut obtenir de la collectivité qui l'emploie une indemnité complémentaire réparant ces chefs de préjudice, distincts de l'atteinte à l'intégrité physique (*id.*). Cette réparation est fondée sur le risque professionnel.

B. Les accidents subis par les collaborateurs occasionnels de l'administration

La jurisprudence *Cames* a été étendue aux :

- collaborateurs requis (CE, 5 mars 1943, *Chavat*) ;
- collaborateurs simplement sollicités par l'administration (CE, 22 novembre 1946, *Commune de Saint-Priest-la-Plaine* à propos de deux habitants d'une commune qui ont accepté bénévolement, à la demande du maire, de tirer un feu d'artifice) ;
- collaborateurs spontanés de l'administration, sous réserve que cette collaboration ait été acceptée par l'administration (CE, 27 novembre 1970, *Appert-Collin*).

Dans tous les cas, pour que la responsabilité sans faute de l'administration soit engagée, il faut que le collaborateur ait participé effectivement à une mission de service public.

II. LE RISQUE EXCEPTIONNEL

A. Les dommages subis par les choses dangereuses

La responsabilité sans faute fondée sur le risque exceptionnel permet de réparer les conséquences des dommages causés par des choses dangereuses. En effet, le voisinage de ces choses constitue par lui-même un risque exceptionnel susceptible, en cas d'accident, d'engager la responsabilité de l'État à l'égard des tiers. Ont pu être réparés sur ce fondement, les dommages résultant :

- de l'explosion d'un fort militaire dans lequel étaient entreposées de nombreuses munitions pour le ravitaillement militaire (CE, 28 mars 1919, *Regnault-Desroziers*) ;
- de l'explosion d'un navire de guerre (CE, 21 mai 1920, *Époux Colas*) ;
- de l'explosion de wagons de munitions (CE, 16 mars 1945, *SNCF*) ;
- de l'emploi des armes à feu par les forces de l'ordre (CE, 24 juin 1949, *Consorts Lecomte*) ;
- de la chute d'un éboulis rocheux de plusieurs mètres cubes qui s'était détaché de la falaise abrupte s'élevant à l'aplomb de la chaussée (CE, 6 juillet 1973, *Dalleau*).

B. Les dommages subis du fait des activités dangereuses

1. Les dommages causés aux tiers par les mineurs délinquants

L'hypothèse ici visée est celle dans laquelle une juridiction des mineurs confie la garde d'un mineur à une personne qui a la responsabilité d'organiser, diriger et contrôler la vie du mineur. En cas de dommages causés aux tiers par ce mineur, la victime pourra rechercher, devant la juridiction administrative, la responsabilité de l'État en raison du risque spécial créé pour les tiers du fait de la mise en œuvre d'une des mesures de liberté surveillée prévues par l'ordonnance du 2 février 1945 (CE, 3 février 1956, *Ministre de la Justice c/ Thouzellier* et CE, 9 mars 1966, *Ministre de la Justice c/ Trouillet*).

2. Les dommages causés aux tiers par les détenus bénéficiaires de permissions de sortie

La responsabilité sans faute du fait des activités dangereuses a été transposée aux dommages causés par les détenus bénéficiaires de permissions de sortie (CE, 2 décembre 1981, *Garde des Sceaux c/ Theys*).

3. Les dommages causés aux tiers par les patients des hôpitaux psychiatriques bénéficiaires de sorties d'essai

La responsabilité sans faute du fait des activités dangereuses a été transposée aux dommages causés par les patients des hôpitaux psychiatriques bénéficiaires de sorties d'essai (CE, 13 juillet 1967, *Département de la Moselle*).

III. LE RISQUE ASSUMÉ

1. Les dommages causés aux tiers par les mineurs en danger

La décision par laquelle le juge des enfants confie la garde d'un mineur, dans le cadre d'une mesure d'assistance éducative, à l'une des personnes mentionnées à l'article 375-3 du code civil, transfère à la personne qui en est chargée la responsabilité d'organiser, diriger et contrôler la vie du mineur. Le juge administratif considère « *qu'en raison des pouvoirs dont l'État se trouve ainsi investi lorsque le mineur a été confié à un service ou établissement qui relève de son autorité, sa responsabilité est engagée, même sans faute, pour les dommages causés aux tiers par ce mineur* » (CE, 11 février 2005, *GIE Axa Courtage*). Ce régime de responsabilité sans faute fondé sur la garde s'inspire de la responsabilité de droit commun prévue à l'article 1242 du code civil. Il s'agit d'une hypothèse de risque assumé.

2. Les dommages causés aux tiers par les mineurs délinquants

Outre la possibilité de mettre en jeu la responsabilité de l'État sur le fondement du risque en vertu des jurisprudences *Thouzellier-Trouillet*, la victime d'un mineur délinquant bénéficiant de méthodes libérales de rééducation pourra engager la responsabilité du gardien dans le prolongement de la jurisprudence *GIE Axa Courtage*. En effet, le juge administratif considère qu'en raison des pouvoirs dont le gardien se trouve ainsi investi lorsque le mineur lui a été confié, sa responsabilité peut être engagée, même sans faute, pour les dommages causés aux tiers par ce mineur (CE, 1er février 2006, *MAIF*).

3. Les dommages causés aux tiers par les mineurs placés en vertu d'une décision administrative

Ici, l'hypothèse vise les dommages causés aux tiers par un mineur qui fait l'objet d'un placement non pas sur décision de justice mais sur décision administrative, car il ne peut demeurer provisoirement dans son milieu de vie habituel. Si le gardien s'est vu transférer la responsabilité d'organiser, de diriger et de contrôler la vie du mineur, sa responsabilité sans faute pourra être recherchée (CE, 1er juillet 2016, *Société Groupama Grand Est*).

Fiche 46

LA RESPONSABILITÉ FONDÉE SUR LA RUPTURE D'ÉGALITÉ DEVANT LES CHARGES PUBLIQUES

Ce régime de responsabilité sans faute a pour fondement le principe constitutionnel d'égalité de tous devant les charges publiques qui découle de l'article 13 de la Déclaration des droits de l'homme et du citoyen du 26 août 1789.

I. LA RESPONSABILITÉ DU FAIT DES LOIS

A. La fin du principe de l'irresponsabilité de l'État législateur

Traditionnellement, l'État ne pouvait pas être tenu responsable des dommages causés par les lois. Depuis son arrêt *SA des produits laitiers « La Fleurette »* du 14 janvier 1938, le Conseil d'État admet de réparer le préjudice causé par des dispositions législatives sur le fondement de la responsabilité sans faute pour rupture d'égalité devant les charges publiques.

B. Les conditions d'engagement de la responsabilité de l'État du fait des lois

1. La condition tenant à la volonté du législateur

Pour qu'il y ait indemnisation, encore faut-il que le législateur n'ait pas entendu – dans la loi ou dans ses travaux préparatoires – exclure toute indemnisation. En revanche, « *le silence d'une loi sur les conséquences que peut comporter sa mise en œuvre, ne saurait être interprété comme excluant, par principe, tout droit à réparation des préjudices que son application est susceptible de provoquer* » (CE, 2 novembre 2005, *Société coopérative agricole Ax'ion*).

2. Les conditions tenant aux caractères du préjudice

Le préjudice doit être spécial et anormalement grave.

C. La distinction entre la responsabilité de l'État du fait des lois pour rupture de l'égalité devant les charges publiques et la responsabilité de l'État du fait des lois inconventionnelles

À côté de la responsabilité de l'État du fait des lois pour rupture de l'égalité devant les charges publiques, le Conseil d'État a admis de « *réparer l'ensemble des préjudices qui résultent de l'intervention d'une loi adoptée en méconnaissance des engagements internationaux de la France* » (CE, 8 février 2007, *Gardedieu*). La responsabilité de l'État est alors engagée « *en raison des obligations [de l'État] pour assurer le respect des conventions internationales par les autorités publiques* » (*id.*). Il peut s'agir de la méconnaissance des principes de sécurité juridique et de confiance légitime reconnus par le droit de l'Union européenne (CE, 23 juillet 2014, *Société d'éditions et de protection route*). Sans doute s'agit-il ici d'un régime de responsabilité pour faute du législateur.

II. LA RESPONSABILITÉ DU FAIT DES CONVENTIONS INTERNATIONALES

Dans son arrêt *Compagnie générale d'énergie radio-électrique* du 30 mars 1966, le Conseil d'État juge que la responsabilité de l'État peut être engagée du fait des dommages anormaux et spéciaux causés par les conventions internationales régulièrement introduites en droit interne à condition cependant que ni la convention elle-même ni éventuellement la loi de ratification n'aient entendu exclure toute indemnisation.

III. LA RESPONSABILITÉ DU FAIT DES DÉCISIONS ADMINISTRATIVES LÉGALES

A. La responsabilité du fait des mesures individuelles légales

Par son arrêt *Couitéas* du 30 novembre 1923, le Conseil d'État admet d'engager la responsabilité de l'État du fait des refus légaux de l'administration d'exécuter les décisions de justice. En effet, lorsque l'administration refuse le concours de la force publique, tant qu'elle estime qu'il y a un danger pour l'ordre public, « *le préjudice qui résulte de ce refus ne saurait [...] être une charge incombant normalement à l'intéressé* ».

B. La responsabilité du fait des mesures réglementaires légales

Par son arrêt *Commune de Gavarnie* du 22 février 1963, le Conseil d'État admet d'engager la responsabilité de l'État du fait des mesures réglementaires légales.

En l'espèce, l'arrêté municipal interdisant aux piétons d'emprunter un chemin conduisant au cirque causait un préjudice anormal et spécial à l'exploitant du seul magasin de souvenirs installé en bordure dudit chemin.

IV. LA RESPONSABILITÉ DU FAIT DES DOMMAGES PERMANENTS DE TRAVAUX PUBLICS

Les tiers par rapport à l'ouvrage public qui subissent, du fait de l'existence et du fonctionnement de celui-ci, un préjudice anormal et spécial peuvent engager la responsabilité sans faute de l'administration (CE, 10 mars 1997, *Commune de Lormont* à propos du préjudice subi par des horticulteurs du fait des perturbations apportées au cycle végétal des chrysanthèmes qu'ils cultivent sur un terrain situé à proximité d'une route par l'éclairage public de forte puissance installé le long de cette voie).

Fiche 47

LA DISTINCTION ENTRE LA FAUTE PERSONNELLE ET LA FAUTE DE SERVICE

L'action administrative est susceptible de causer des dommages aux administrés. Si l'acte d'un agent public est à l'origine du dommage, la responsabilité de ce dernier pourra être engagée en cas de faute personnelle sur le fondement de l'article 1240 du code civil.

I. LES ORIGINES DE LA DISTINCTION

A. Le système ancien de la garantie des fonctionnaires

Selon l'article 75 de la Constitution de l'an VIII, « *les agents du Gouvernement, autres que les ministres, ne peuvent être poursuivis pour des faits relatifs à leurs fonctions, qu'en vertu d'une décision du Conseil d'État: en ce cas, la poursuite a lieu devant les tribunaux ordinaires* ». Ainsi, la responsabilité des agents publics ne pouvait être engagée devant les juridictions judiciaires qu'avec l'autorisation préalable du Conseil d'État, laquelle était rarement accordée. À défaut d'une telle autorisation, les administrés étaient privés de toute réparation.

B. La suppression de la garantie des fonctionnaires

Un décret du 19 septembre 1870 a abrogé l'article 75 de la Constitution de l'an VIII qui avait survécu à la disparation du Consulat. Dans son arrêt *Pelletier* du 30 juillet 1873, le Tribunal des conflits interprète cette abrogation de façon très restrictive de telle sorte que les administrés ne peuvent désormais engager directement la responsabilité personnelle d'un agent public devant le juge judiciaire dans les conditions de droit commun que si cet agent a commis une faute personnelle. En revanche, s'il a commis une faute de service, le principe posé par ce même arrêt est que seule la responsabilité de l'administration peut être recherchée (ce principe a connu des évolutions jurisprudentielles).

II. LES NOTIONS DE FAUTE PERSONNELLE ET DE FAUTE DE SERVICE

A. La notion de faute personnelle

Selon la définition donnée par Laferrière (concl. sur TC, 5 mai 1877, *Laumonnier-Carriol*), la faute personnelle est une faute qui révèle « *l'homme avec ses faiblesses,*

ses passions, ses imprudences». La jurisprudence a précisé les contours de cette notion. Trois types de faute personnelle peuvent être distingués.

1. La faute commise par l'agent dans sa vie privée

La faute commise par l'agent en dehors de ses heures de service est une faute purement personnelle. Tel est le cas du militaire en permission qui cause un accident avec son véhicule (CE, 28 juillet 1951, *Sté Standard des pétroles*).

2. La faute commise en dehors du service mais non dépourvue de tout lien avec ce dernier

Il y a faute personnelle lorsque la faute est commise par l'agent en dehors du service, mais qu'elle n'est pas dépourvue de tout lien avec le service. Commet une telle faute, le gardien de la paix qui manipule son pistolet de service à son domicile en présence d'un collègue et qui le tue accidentellement (CE, 26 octobre 1973, *Sadoudi*).

3. La faute personnelle commise par l'agent dans l'exercice de ses fonctions

Il peut y avoir faute personnelle même lorsque l'agent exerce ses fonctions. Tel est le cas lorsqu'il commet une faute d'une «*particulière gravité*» (CE, 11 février 2015, *Craighero*), agit à des fins purement personnelles ou dans l'intention de nuire. C'est le cas par exemple:

- de l'agent qui en qualité de receveuse des postes et dans l'exercice de ses fonctions a détourné les fonds qui lui étaient confiés (CE, 21 avril 1937, *Dlle Quesnel*);

- du commissaire de police qui ne prend aucune mesure pour garantir la sécurité d'une personne menacée de mort, celle-ci étant raccompagnée à son domicile par deux agents non armés (TC, 9 juillet 1953, *Dame veuve Bernadas c/ Buisson*);

- du fonctionnaire ayant, entre 1942 et 1944, prêté son concours actif à l'arrestation et à l'internement de personnes d'origine juive (CE, 12 avril 2002, *Papon*).

B. La notion de faute de service

Selon la définition donnée par Laferrière (concl. sur TC, 5 mai 1877, *Laumonnier-Carriol*), la faute de service est celle qui «*révèle un administrateur plus ou moins sujet à erreur*». La faute de service est donc la faute de l'agent qui ne se détache pas de l'exercice de ses fonctions. Tel est le cas de la faute médicale commise par un praticien hospitalier agissant en cette qualité (TC, 25 mars 1957, *Sieur Issad Slimane et Sieur Chilloux*. À propos d'une erreur de diagnostic, voir CE, 3 novembre 2003, *M. Gilbert*).

C. L'autonomie des fautes personnelle, de service et pénale

L'infraction pénale commise par l'agent n'est pas nécessairement constitutive d'une faute personnelle (TC, 14 janvier 1935, *Thépaz*).

III. LES CONSÉQUENCES DE LA DISTINCTION ENTRE LA FAUTE PERSONNELLE ET LA FAUTE DE SERVICE

A. La juridiction compétente

1. Le principe

La distinction entre la faute personnelle et la faute de service traduit une règle de compétence.

a) La compétence du juge administratif en cas de faute de service

En cas de faute de service, c'est le juge administratif qui est compétent.

b) La compétence du juge judiciaire en cas de faute personnelle

En cas de faute personnelle, c'est le juge judiciaire qui est compétent.

2. L'exception

a) La faute de service constitutive d'une voie de fait

Lorsque la faute de service est constitutive d'une voie de fait, le juge judiciaire est compétent (TC, 17 juin 2013, *Bergoend*).

b) Les dérogations légales

Le législateur peut déroger à la règle de compétence. Par exemple, en vertu de l'article 1er de la loi n° 57-1424 du 31 décembre 1957 attribuant compétence aux tribunaux judiciaires pour statuer sur les actions en responsabilité des dommages causés par tout véhicule et dirigés contre une personne de droit public, le contentieux des « *dommages de toute nature causés par un véhicule quelconque* » relève de la compétence du juge judiciaire, à l'exception de ceux qui sont occasionnés au domaine public.

B. Le droit applicable

En application du principe de la liaison de la compétence et du fond :

- le juge administratif applique les règles exorbitantes de la responsabilité publique (TC, 8 février 1873, *Blanco*) ;
- et le juge judiciaire applique les règles du code civil.

C. Le patrimoine responsable

1. En cas de faute de service

En cas de faute de service, c'est l'administration qui doit supporter le poids de la réparation.

2. En cas de faute personnelle

En cas de faute personnelle, c'est l'agent qui doit réparer le dommage sur son patrimoine personnel. Toutefois, postérieurement à l'arrêt *Pelletier*, la jurisprudence a admis que l'existence d'une faute personnelle ne faisait pas nécessairement obstacle à la mise en jeu de la responsabilité de l'administration.

Fiche 48

LES HYPOTHÈSES DE CUMUL DE FAUTES ET DE CUMUL DE RESPONSABILITÉS

I. L'INTÉRÊT DU CUMUL DE RESPONSABILITÉS

Le cumul de responsabilités est favorable à la victime. En effet, celle-ci pourra décider d'engager la responsabilité de l'administration plutôt que celle de l'agent afin de ne pas être confrontée à son éventuelle insolvabilité. Toutefois, le cumul de responsabilités ne permet pas le cumul d'indemnisations. En ce sens, dans l'arrêt *époux Lemonnier* du 26 juillet 1918, le Conseil d'État précise que la victime ne doit pas obtenir « *une réparation supérieure à la valeur totale du préjudice subi* ».

II. LE CUMUL DE RESPONSABILITÉS EN CAS DE PLURALITÉ DE FAUTES

A. La consécration par l'arrêt Anguet

Contrairement à ce que pensait la doctrine, l'existence d'une faute personnelle n'exclut pas nécessairement l'existence d'une faute de service. Tel est le cas lorsqu'un dommage résulte à la fois d'une faute personnelle et d'une faute de service. C'est par son arrêt *Anguet* du 3 février 1911 que le Conseil d'État admet cette hypothèse de cumul. En l'espèce, le sieur Anguet avait été expulsé d'un bureau de poste si brutalement qu'il s'était cassé la jambe. Le Conseil d'État considère que le dommage résulte d'un cumul de fautes : d'une part, une faute personnelle des agents auteurs de l'expulsion et, d'autre part, une faute de service puisque la fermeture avant l'heure réglementaire de la porte de sortie avait conduit le sieur Anguet à sortir par la partie du bureau réservée aux agents du service. Le Conseil d'État juge qu'en raison du cumul de fautes, le sieur Anguet est fondé à demander réparation à l'État du préjudice qu'il a subi.

B. Quelques illustrations jurisprudentielles postérieures

Postérieurement à l'arrêt *Anguet*, le juge administratif a eu l'occasion de connaître d'hypothèses de cumul de fautes :

- pour le décès du sieur Duxent qui a été provoqué par les coups qui lui ont été portés, lors de son admission dans un asile départemental par l'infirmier qui en avait la garde ; ce fait criminel ayant été rendu possible par un manque de surveillance résultant d'une organisation défectueuse de l'asile (CE, 22 janvier 1936, *Dame Duxent*) ;

■ pour le meurtre d'un chauffeur de taxi par quatre militaires qui avaient irrégulièrement quitté le camp où ils étaient cantonnés ; ce fait criminel ayant été rendu possible par la mauvaise organisation du service et par le manque de discipline de l'autorité militaire sur les militaires du camp (CE, 13 décembre 1963, *consorts Occelli*) ;

III. LE CUMUL DE RESPONSABILITÉS EN CAS DE FAUTE PERSONNELLE UNIQUE

A. Le cumul en cas de faute personnelle unique commise à l'occasion du service

Dans son arrêt *Époux Lemonnier* du 26 juillet 1918, le Conseil d'État juge qu'en cas de faute personnelle unique commise par l'agent à l'occasion du service la victime peut engager la responsabilité de l'administration. Cette solution s'explique par le fait que si « *la faute se détache [...] du service, le service ne se détache pas de la faute* » (Léon BLUM, concl. sur CE, 26 juillet 1918, *Époux Lemonnier*). En d'autres termes, « *le service a conditionné l'accomplissement de la faute ou la production de ses conséquences dommageables vis-à-vis d'un individu déterminé* » (*id.*). Au cumul de responsabilités en cas de cumul de fautes, le Conseil d'État admet donc le cumul de responsabilités en cas de faute unique.

B. Le cumul en cas de faute personnelle unique commise en dehors du service

1. Le principe : un cumul impossible

En principe, une faute personnelle unique commise par un agent en dehors de l'exercice de ses fonctions ne peut engager que sa seule responsabilité personnelle.

2. L'exception : un cumul possible

Le cumul de responsabilités est possible lorsque la faute personnelle unique commise par un agent en dehors de l'exercice de ses fonctions n'est pas dépourvue de tout lien avec le service. Cette solution résulte de l'arrêt *Demoiselle Mimeur* rendu le 18 novembre 1949 par le Conseil d'État. Cette jurisprudence a trouvé à s'appliquer aux fautes personnelles commises par des policiers ou militaires en dehors du service avec leurs armes de service (CE, 26 octobre 1973, *Sadoudi* et CE, 18 novembre 1988, *Époux Raszewski*).

Fiche 49

LES ACTIONS RÉCURSOIRES

Les actions récursoires permettent :

- à l'administration condamnée à la place de l'agent de se retourner contre ce dernier ;
- ou à l'agent condamné à la place de l'administration de se retourner contre cette dernière.

I. L'ACTION RÉCURSOIRE DE L'ADMINISTRATION CONTRE SES AGENTS

Si en vertu du cumul de responsabilités la victime a engagé la responsabilité de l'administration devant le juge administratif, cette dernière pourra se retourner contre son agent (CE, 28 juillet 1951, *Laruelle*) afin d'obtenir le remboursement des sommes versées pour indemniser les conséquences des fautes personnelles. Cette action récursoire appelle trois remarques.

1. Cette action est déclenchée discrétionnairement par l'administration

Cette action de l'administration contre son agent est déclenchée discrétionnairement par l'administration.

2. L'émission d'un titre exécutoire

Cette action de l'administration contre son agent se traduit par l'émission d'un titre exécutoire. En cas de litige, c'est le juge administratif qui est compétent pour répartir la charge de l'indemnité entre l'État et les agents fautifs.

3. Le partage de responsabilité

Il y a remboursement :

- intégral en cas de cumul de responsabilités résultant d'une faute personnelle unique ;
- partiel en cas de cumul de responsabilités résultant d'une pluralité de fautes.

Lorsque le dommage résulte de fautes personnelles commises par plusieurs agents, ces derniers ne sont pas tenus solidairement de telle sorte que l'administration ne peut pas réclamer l'entier remboursement à l'un d'eux seulement. « *Leur part de responsabilité doit être appréciée en raison de la gravité des fautes imputables à chacun d'eux* » (CE, 22 mars 1957, *Jeannier* et CE, 19 juin 1959, *Moritz*).

II. L'ACTION RÉCURSOIRE DE L'AGENT CONTRE L'ADMINISTRATION

L'agent condamné par le juge judiciaire à réparer le préjudice subi par la victime pourra se retourner contre l'administration lorsque le dommage a été causé par les effets conjugués d'une faute personnelle et d'une faute de service (CE, 28 juillet 1951, *Delville*). Le juge compétent pour répartir la charge définitive de la réparation entre l'agent et l'administration est le juge administratif.

PARTIE IV

LA JUSTICE ADMINISTRATIVE

TITRE I

L'ORDRE JURIDICTIONNEL ADMINISTRATIF

Fiche 50

LA RÉSERVE DE COMPÉTENCE DU JUGE ADMINISTRATIF

I. LE PRINCIPE DE LA RÉSERVE DE COMPÉTENCE DU JUGE ADMINISTRATIF

A. La constitutionnalisation de la réserve de compétence

Dans sa décision Conseil de la concurrence du 23 janvier 1987 (décision n° 86-224 DC du 23 janvier 1987), le Conseil constitutionnel dégage un principe fondamental reconnu par les lois de la République (PFRLR) selon lequel « *relève en dernier ressort de la compétence de la juridiction administrative l'annulation ou la réformation des décisions prises, dans l'exercice des prérogatives de puissance publique, par les autorités exerçant le pouvoir exécutif, leurs agents, les collectivités territoriales de la République ou les organismes publics placés sous leur autorité ou leur contrôle* ». Ce principe traduit une longue histoire qui renvoie à la conception française de la séparation des pouvoirs.

1. Le contentieux de l'annulation ou de la réformation

La réserve ne concerne que le contentieux de l'annulation ou de la réformation, soit essentiellement le contentieux de l'excès de pouvoir. C'est dire que cette réserve ne concerne pas le contentieux de pleine juridiction.

2. Les décisions prises, dans l'exercice des prérogatives de puissance publique, par une personne morale de droit public

a) L'exercice des prérogatives de puissance publique

La réserve de compétence ne concerne que les décisions prises dans l'exercice des prérogatives de puissance publique. Les prérogatives de puissance publique « *constituent la manifestation de procédés spécifiques de puissance publique visant la satisfaction de l'intérêt général dont le simple particulier ne bénéficie pas directement* » (Aurélien Antoine). Par exemple, constituent l'exercice de prérogatives de puissance publiques les mesures de refus d'entrée sur le territoire national, les décisions relatives à l'octroi d'une carte de séjour, les décisions concernant la délivrance de la carte de résident, les reconduites à la frontière d'un étranger se trouvant en situation irrégulière, les expulsions des étrangers et leurs assignations à résidence (Cons. const., décision n° 89-261 DC du 28 juillet 1989, *Loi relative aux conditions de séjour et d'entrée des étrangers en France*).

b) Les décisions prises par une personne morale de droit public

La réserve de compétence ne concerne que les décisions prises par les autorités exerçant le pouvoir exécutif, leurs agents, les collectivités territoriales de la République ou les organismes publics placés sous leur autorité ou leur contrôle.

Sont ainsi visés, par exemple, les établissements publics. En revanche, sont en dehors de la réserve, les actes pris par des organismes privés chargés d'un service public.

B. Les limites à la compétence du juge administratif

Le principe d'une réserve de compétence au profit du juge administratif ne joue pas en présence de matières réservées par nature à l'autorité judiciaire. Aussi, le juge judiciaire est-il compétent pour connaître :

- des atteintes à la liberté individuelle (art. 66 de la Constitution, art. 136 du code de procédure pénale, et art. L. 3216-1 du code de la santé publique) ;
- des sujétions aboutissant à vider de son contenu le droit de propriété (Cons. const., décision n° 85-198 DC du 13 décembre 1985, *Loi modifiant la loi n° 82-652 du 29 juillet 1982 et portant diverses dispositions relatives à la communication audiovisuelle*) ;
- de l'état et de la capacité des personnes ;
- ainsi que du fonctionnement des services judiciaires.

II. LES DÉROGATIONS AU PRINCIPE

Dans cette même décision *Conseil de la concurrence*, et en ce qui concerne des « *matières mixtes* » (Georges Vedel), le Conseil constitutionnel admet que le législateur puisse déroger au principe de la réserve de la compétence dans l'intérêt d'une bonne administration de la justice en unifiant les règles de compétence juridictionnelle au sein de l'ordre juridictionnel principalement intéressé. Par ce « *codicille* » (Georges Vedel), il s'agit d'éviter les contestations contentieuses diverses qui se répartiraient, selon les règles habituelles de compétence, entre la juridiction administrative et la juridiction judiciaire. Ainsi, par exemple, la loi a pu confier à la juridiction judiciaire le contentieux des décisions du Conseil de la concurrence – devenue l'Autorité de la concurrence – afin d'« *éviter ou [...] supprimer des divergences qui pourraient apparaître dans l'application et dans l'interprétation du droit de la concurrence* » (décision n° 86-224 DC du 23 janvier 1987).

Fiche 51

LA VOIE DE FAIT

I. LA DÉFINITION DE LA VOIE DE FAIT

A. La définition traditionnelle

Traditionnellement, la voie de fait était constituée dans deux hypothèses (TC, 23 octobre 2000, Boussadar : « *Il n'y a voie de fait [...] que dans la mesure où l'administration, soit a procédé à l'exécution forcée, dans des conditions irrégulières, d'une décision, même régulière, portant une atteinte grave au droit de propriété ou à une liberté fondamentale, soit a pris une décision ayant l'un ou l'autre de ces effets à la condition toutefois que cette dernière décision soit elle-même manifestement insusceptible d'être rattachée à un pouvoir appartenant à l'autorité administrative* »).

1. La décision manifestement insusceptible de se rattacher à un pouvoir de l'administration

La voie de fait était constituée lorsqu'une décision administrative portant atteinte à une liberté fondamentale ou à la propriété privée était manifestement insusceptible de se rattacher à un pouvoir appartenant à l'administration (par ex., TC, 8 avril 1935, *Action française* à propos de la saisie à Paris et en banlieue du journal l'*Action française* ordonnée par le préfet de police).

2. L'exécution forcée d'une décision

La voie de fait était constituée lorsque l'administration a procédé, dans des conditions irrégulières, à l'exécution forcée d'une décision, même régulière, portant atteinte à une liberté fondamentale ou au droit de propriété (par exemple, TC, 27 novembre 1952, *Flavigny* à propos de l'exécution forcée d'une réquisition prononcée en vertu de la loi du 11 juillet 1938 alors que cette loi prévoyait des sanctions pénales).

B. La définition actuelle

Dans son arrêt *Bergoend* du 17 juin 2013, le Tribunal des conflits a modifié les éléments de définition de la voie de fait. Si la distinction entre les deux types de voies de fait est maintenue, en revanche l'action administrative doit désormais avoir porté une atteinte grave à la liberté individuelle – et non à une liberté fondamentale – ou conduire à l'extinction du droit de propriété – et non à une quelconque atteinte à ce droit. Cette nouvelle définition de la voie de fait a pour conséquence une réduction du champ de compétence du juge judiciaire qui voit ainsi son office recentré sur « *son cœur constitutionnel de compétence* » (Xavier Domino et Aurélie Bretonneau).

II. LES CONSÉQUENCES DE LA VOIE DE FAIT

En cas de voie de fait, la compétence du juge judiciaire peut être ou non exclusive.

A. La compétence concurrente des juges administratif et judiciaire

Deux hypothèses doivent être distinguées.

1. Constater la nullité des décisions constitutives de voie de fait

La nullité des décisions constitutives de voie de fait peut être constatée tant par le juge judiciaire que par le juge administratif (TC, 27 juin 1966, *Guigon*).

2. Enjoindre à l'administration de faire cesser une voie de fait

Les mesures propres à faire cesser la voie de fait peuvent être prononcées tant par le juge judiciaire que par le juge administratif dans le cadre du référé-liberté (CE, ord., 23 janvier 2013, *Commune de Chirongui*).

B. La compétence exclusive du juge judiciaire

Le juge judiciaire est exclusivement compétent pour réparer les conséquences dommageables de la voie de fait.

Fiche 52

LE TRIBUNAL DES CONFLITS

Le Tribunal des conflits siège au Palais-Royal.

I. LES ORIGINES

Le Tribunal des conflits est apparu avec la Constitution de 1848 qui lui confie le soin de régler « *les conflits d'attributions entre l'autorité administrative et l'autorité judiciaire* » (art. 89 de la Constitution du 4 novembre 1848). Supprimé sous le second Empire, le Tribunal des conflits est restauré par la loi du 24 mai 1872 portant réorganisation du Conseil d'État, intitulée loi relative au Tribunal des conflits depuis la loi n° 2015-177 du 16 février 2015 relative à la modernisation et à la simplification du droit et des procédures dans les domaines de la justice et des affaires intérieures.

II. LA COMPOSITION

A. Une composition paritaire

Le Tribunal des conflits est composé en nombre égal de membres du Conseil d'État et de la Cour de cassation.

1. La formation ordinaire

a) La composition

La formation ordinaire est composée de huit membres :

- quatre conseillers d'État en service ordinaire élus par l'assemblée générale du Conseil d'État ;
- et quatre magistrats du siège hors hiérarchie de la Cour de cassation élus par les magistrats du siège hors hiérarchie de la Cour de cassation.

Par ailleurs, deux suppléants sont élus, l'un par l'assemblée générale du Conseil d'État parmi les conseillers d'État en service ordinaire et les maîtres des requêtes, l'autre par l'assemblée générale des magistrats du siège de la Cour de cassation parmi les conseillers hors hiérarchie et référendaires.

b) Le quorum

Le Tribunal des conflits ne peut délibérer que si cinq membres au moins sont présents.

2. La formation élargie

a) La composition

Elle est composée de douze membres. Outre les quatre conseillers d'État en service ordinaire et les quatre magistrats du siège hors hiérarchie de la Cour de cassation, la formation élargie comprend :

- deux conseillers d'État en service ordinaire ;
- et deux magistrats du siège hors hiérarchie de la Cour de cassation.

Ils sont élus dans les mêmes conditions que celles applicables pour l'élection des membres de la formation ordinaire.

b) Le quorum

Le Tribunal ne peut siéger que si ses douze membres sont présents ou suppléés.

c) Le rôle

La formation élargie examine les affaires pour lesquelles, après une seconde délibération, les membres du Tribunal n'ont pu se départager.

B. La présidence du Tribunal des conflits

1. La désignation

La loi du 16 février 2015 précitée a supprimé la présidence du Tribunal des conflits par le garde des Sceaux. Cette suppression s'imposait afin de garantir l'indépendance et l'impartialité de la juridiction. Désormais, les huit membres de la formation ordinaire choisissent donc parmi eux, pour trois ans, un président issu alternativement du Conseil d'État et de la Cour de cassation, au scrutin secret à la majorité des voix.

2. Le rôle

Parmi les multiples activités du président, ce dernier :

- peut statuer par voie d'ordonnance pour certaines affaires évidentes ;
- fixe les séances du Tribunal des conflits pour l'année civile ;
- veille à l'ordre de l'audience.

C. Les rapporteurs publics

1. La désignation

Les fonctions de rapporteur public sont exercées par :

- deux membres du Conseil d'État, élus par l'assemblée générale du Conseil d'État parmi les rapporteurs publics ;
- et deux membres du parquet général de la Cour de cassation, élus par l'assemblée générale des magistrats hors hiérarchie du parquet général parmi eux.

2. Le rôle

Le rapporteur public est chargé d'exposer publiquement à l'audience et en toute indépendance son opinion sur les questions que présentent à juger les affaires dont le Tribunal des conflits est saisi.

D. La durée d'exercice des fonctions des membres du Tribunal des conflits

Les membres du Tribunal des conflits sont soumis à réélection tous les trois ans et sont rééligibles deux fois. Lorsqu'un membre titulaire ou suppléant cesse définitivement d'exercer ses fonctions, il est procédé à son remplacement jusqu'à la fin du mandat en cours.

III. LES COMPÉTENCES

A. Le conflit positif

En 2016, seul 6% des affaires résultaient d'une élévation du conflit par le représentant de l'État dans le département ou la collectivité.

1. Le déclinatoire de compétence

Lorsque le représentant de l'État dans le département ou la collectivité estime que la connaissance d'un litige ou d'une question préjudicielle portée devant une juridiction de l'ordre judiciaire relève de la compétence de la juridiction administrative, il peut, alors même que l'administration ne serait pas en cause, demander à la juridiction saisie de décliner sa compétence. En ce sens, le représentant de l'État dans le département ou la collectivité adresse au greffe de la juridiction saisie un déclinatoire de compétence motivé.

2. Les effets du déclinatoire de compétence

La juridiction saisie du déclinatoire peut:

- admettre le déclinatoire et se dessaisir de telle sorte que le représentant de l'État dans le département ou la collectivité n'a pas à élever le conflit;
- rejeter le déclinatoire de telle sorte que le représentant de l'État dans le département ou la collectivité pourra élever le conflit dans les quinze jours à compter de ce rejet.

3. L'arrêté de conflit

L'arrêté de conflit permet au représentant de l'État dans le département ou la collectivité d'élever le conflit. Il doit être motivé et est remis au greffe de la juridiction saisie de l'affaire.

4. La décision du Tribunal des conflits

La juridiction sursoit à statuer sur le fond de l'affaire en attendant que le Tribunal des conflits se prononce – en principe dans un délai de trois mois.

B. Le conflit négatif

En 2016, le Tribunal des conflits n'a été saisi d'aucun conflit négatif.

1. La saisine du Tribunal des conflits par les parties intéressées

Les parties intéressées – le requérant ou le ministre – peuvent saisir le Tribunal des conflits d'une requête aux fins de désignation de la juridiction compétente lorsque les juridictions de chacun des deux ordres se sont irrévocablement déclarées incompétentes sur la même question, sans que la dernière qui a statué n'ait renvoyé le litige au Tribunal. Le recours devant le Tribunal des conflits est introduit dans les deux mois à compter du jour où la dernière en date des décisions d'incompétence est devenue irrévocable.

2. Le contenu de la requête

La requête expose les données de fait et de droit ainsi que l'objet du litige et est accompagnée de la copie des décisions intervenues.

3. La décision du Tribunal des conflits

Le Tribunal des conflits peut juger:

- qu'il y a conflit négatif et déclarer nul et non avenu le jugement de la juridiction qui aurait dû connaître du litige;
- qu'il n'y a pas conflit négatif et rejeter la requête.

C. La prévention de conflit

1. Le contentieux le plus important du Tribunal des conflits

C'est le contentieux le plus important du Tribunal des conflits (52 % des affaires enregistrées en 2016).

2. Les modalités de la saisine

Lorsqu'une juridiction de l'ordre judiciaire ou de l'ordre administratif a, par une décision qui n'est plus susceptible de recours, décliné la compétence de l'ordre de juridiction auquel elle appartient au motif que le litige ne ressortit pas à cet ordre, toute juridiction de l'autre ordre, saisie du même litige, si elle estime que le litige ne relève pas de sa compétence, doit, par une décision motivée qui n'est susceptible d'aucun recours, saisir le Tribunal des conflits et surseoir à toute procédure jusqu'à sa décision.

3. La décision du Tribunal des conflits

Le Tribunal des conflits décide sur la question de compétence ainsi soulevée dans un délai de trois mois.

D. Le recours en cas de contrariété de décisions au fond

En 2016, seul 3 % des affaires résultaient d'un tel recours.

1. La saisine du Tribunal des conflits par la partie intéressée

Le Tribunal des conflits peut être saisi par la partie intéressée des décisions définitives rendues par les juridictions administratives et judiciaires dans les instances introduites devant les deux ordres de juridiction, pour des litiges portant sur le même objet, lorsqu'elles présentent une contrariété conduisant à un déni de justice. Le recours est introduit dans les deux mois à compter du jour où la dernière en date des décisions statuant au fond est devenue irrévocable.

2. La décision du Tribunal des conflits

Le Tribunal des conflits juge au fond à l'égard de toutes les parties en cause. Ses décisions ne sont susceptibles d'aucun recours.

E. Le recours en responsabilité pour durée excessive des procédures

Le Tribunal des conflits est compétent pour connaître d'une action en indemnisation du préjudice découlant d'une durée totale excessive des procédures afférentes à un même litige et conduites entre les mêmes parties devant les juridictions des deux ordres en raison des règles de compétence applicables et, le cas échéant, devant lui.

1. La saisine préalable du garde des Sceaux

La partie qui entend obtenir réparation doit préalablement saisir le garde des Sceaux, ministre de la Justice, d'une réclamation. Le silence gardé pendant plus de deux mois sur la réclamation vaut décision de rejet. À l'expiration de ce délai, la partie intéressée peut saisir le Tribunal des conflits. En cas de décision explicite de rejet, la requête doit être présentée dans un délai de deux mois à compter du jour de la notification de cette décision.

2. La décision du Tribunal des conflits

Le Tribunal des conflits statue sur la réparation.

Fiche 53

LES JURIDICTIONS ADMINISTRATIVES DE DROIT COMMUN

I. LE CONSEIL D'ÉTAT

Le Conseil d'État occupe la partie centrale du Palais-Royal.

A. Les attributions

« *Le Conseil d'État est simultanément chargé par la Constitution de l'exercice de fonctions administratives et placé au sommet de l'un des deux ordres de juridiction qu'elle reconnaît* » (CE, 16 avril 2010, *Association Alcaly*).

1. Les attributions contentieuses

En 2016, le Conseil d'État a réglé 9 607 affaires. Le délai prévisible moyen de jugement des affaires en stock est de 6 mois et 25 jours.

a) Un juge de cassation de droit commun

À l'instar de la Cour de cassation pour l'ordre judiciaire, le Conseil d'État est la juridiction administrative suprême. Il statue souverainement sur les recours en cassation dirigés contre les décisions rendues en dernier ressort par les diverses juridictions administratives (art. L. 111-1 du CJA).

b) Un juge de premier ressort ou de juge d'appel

Dans certains cas, le Conseil d'État statue également en tant que :

- juge de premier et dernier ressort. Tel est le cas, par exemple, en ce qui concerne les oppositions aux changements de noms prononcés en vertu de l'article 61 du code civil (art. L. 311-2 du CJA), les protestations dirigées contre l'élection des représentants au Parlement européen ou les élections aux conseils régionaux et à l'assemblée de Corse (article L. 311-3, 1° et 2° du CJA), les recours dirigés contre les ordonnances du président de la République et les décrets (art. R. 311-1, 1°, du CJA), ou encore les recours dirigés contre les actes réglementaires des ministres et des autres autorités à compétence nationale et contre leurs circulaires et instructions de portée générale (art. R. 311-1, 2°, du CJA) ;

- juge d'appel. En effet, le Conseil d'État est compétent pour statuer sur les appels formés contre les jugements des tribunaux administratifs rendus sur les litiges relatifs aux élections municipales et cantonales (art. R. 321-1 du CJA).

2. Les attributions en matière administrative et législative

a) La fonction consultative du Conseil d'État

Au titre de ses attributions en matière administrative et législative, le Conseil d'État exerce notamment une fonction consultative. Par exemple, il émet un avis :

- sur les projets de loi (art. 39, alinéa 2, de la Constitution) ;
- sur les projets de décrets (art. L. 112-1, alinéa 3, du CJA) ;
- et sur les questions du Gouvernement (art. L. 112-2 du CJA. Pour un exemple, voir l'avis de la section de l'intérieur du Conseil d'État sur le port par les élèves de signes par lesquels ils entendent manifester leur appartenance à une religion : CE, avis, 27 novembre 1989, n° 346893).

b) La distinction entre les avis rendus par le Conseil d'État dans le cadre de sa fonction consultative et les avis contentieux

Les avis rendus dans le cadre de la fonction consultative doivent être distingués des avis contentieux. Par ces derniers avis, le Conseil d'État saisi par un tribunal administratif ou une cour administrative d'appel répond à « *une question de droit nouvelle, présentant une difficulté sérieuse et se posant dans de nombreux litiges* » (art. L. 113-1 du CJA). Certes, ces avis n'« *ont pas le caractère de décisions et sont, en conséquence, insusceptibles de recours* » (CE, 17 novembre 1997, *Mme Veuve Doukouré*). Toutefois, « *commettraient [...] une erreur de droit les juges du fond qui ne s'en tiendraient pas à la position retenue par l'avis* » (Mattias Guyomar et Bertrand Seiller).

B. L'organisation et le fonctionnement

1. La présidence du Conseil d'État

Le Conseil d'État est présidé par le vice-président. Nommé par décret pris en Conseil des ministres, sur la proposition du garde des Sceaux, ministre de la Justice, ce dernier est choisi parmi les présidents de section ou les conseillers d'État en service ordinaire. Actuellement, c'est M. Jean-Marc Sauvé qui exerce les fonctions de vice-président.

2. Les membres du Conseil d'État

Le Conseil d'État se compose (art. L. 121-2 du CJA) :

- du vice-président ;
- des présidents de section ;
- des conseillers d'État en service ordinaire ;
- des conseillers d'État en service extraordinaire ;
- des maîtres des requêtes ;
- des maîtres des requêtes en service extraordinaire ;
- des auditeurs de 1re classe ;
- des auditeurs de 2e classe.

3. La section du contentieux et les sections administratives

Le Conseil d'État est composé d'une section du contentieux et de six sections administratives dont cinq sections consultatives. Afin de renforcer l'impartialité de la Haute juridiction administrative, « *les membres du Conseil d'État ne peuvent participer au jugement des recours dirigés contre les actes pris après avis du Conseil d'État, s'ils ont pris part à la délibération de cet avis* » (art. R. 122-21-1 du CJA).

a) La section du contentieux

En principe, juge de toutes les affaires qui relèvent de la juridiction du Conseil d'État, la section du contentieux est divisée en dix chambres qui participent à l'instruction et au jugement des affaires.

b) Les six sections administratives

Il existe :

- cinq sections consultatives : section de l'intérieur, section des finances, section des travaux publics, section sociale, et section de l'administration ;
- et une section du rapport et des études qui est notamment chargée de la préparation du rapport public du Conseil d'État.

4. Les formations de jugement

Quatre types de formation de jugement peuvent être distingués :

- l'Assemblée du contentieux ;
- la section du contentieux ;
- les chambres réunies ;
- la chambre jugeant seule.

Les affaires qui sont jugées en Assemblée du contentieux ou en section du contentieux présentent une importance remarquable.

II. LES TRIBUNAUX ADMINISTRATIFS ET COURS ADMINISTRATIVES D'APPEL

A. Les tribunaux administratifs

1. Les attributions contentieuses

En 2016, les tribunaux administratifs ont jugé 191 697 affaires. Le délai prévisible moyen de jugement des affaires en stock est de 10 mois et 9 jours.

a) Les juges administratifs de premier ressort

Les tribunaux administratifs sont en premier ressort juges de droit commun du contentieux administratif (art. L. 211-1 du CJA).

b) Les formations de jugement

Sauf lorsqu'ils relèvent d'un magistrat statuant seul, les jugements des tribunaux administratifs sont rendus par une formation de trois membres (art. R. 222-18 du CJA).

2. L'organisation

Il existe 42 tribunaux administratifs – 31 en métropole et 11 en Outre-mer. Présidés par un président, ils comptent plusieurs magistrats des tribunaux administratifs et des cours administratives d'appel. Les tribunaux administratifs sont composés d'une ou plusieurs chambres.

B. Les cours administratives d'appel

1. Les attributions contentieuses

En 2016, les cours administratives d'appel ont jugé 30605 affaires. Le délai prévisible moyen de jugement des affaires en stock est de 11 mois et 6 jours.

a) Des juges d'appel de droit commun des tribunaux administratifs

Les cours administratives d'appel connaissent des jugements rendus en premier ressort par les tribunaux administratifs.

b) Des juges de premier et dernier ressort

Les cours administratives d'appel connaissent également en premier et dernier ressort de certains litiges. Tel est le cas, par exemple, des litiges relatifs aux décisions prises par la Commission nationale d'aménagement commercial en application de l'article L. 752-17 du code de commerce, ainsi qu'aux décisions prises par la Commission nationale d'aménagement cinématographique en application de l'article L. 212-10-3 du code du cinéma et de l'image animée (art. R. 311-3 du CJA).

2. L'organisation

Il existe huit cours administratives d'appel (Bordeaux, Douai, Lyon, Marseille, Nancy, Nantes, Paris et Versailles) qui couvrent le ressort de plusieurs tribunaux administratifs. Présidée par un conseiller d'État en service ordinaire, chaque cour administrative d'appel comporte des chambres.

Fiche 54

LES JURIDICTIONS ADMINISTRATIVES SPÉCIALISÉES

À côté des juridictions de droit commun, la juridiction administrative comporte des juridictions administratives spécialisées.

I. LA CLASSIFICATION DES JURIDICTIONS ADMINISTRATIVES SPÉCIALISÉES

Il existe environ une trentaine de juridictions administratives spécialisées qui peuvent être regroupées en trois catégories.

A. Les juridictions financières

Parmi les juridictions financières, on peut citer:

- la Cour des comptes qui statue notamment sur les appels formés contre les décisions juridictionnelles rendues par les chambres régionales et territoriales des comptes (art. L. 111-1, alinéa 2, du code des juridictions financières);
- la Cour de discipline budgétaire et financière qui a pour mission de réprimer les infractions commises en matière de finances publiques (art. L. 312-1 et s. du code des juridictions financières).

B. Les juridictions sociales

Parmi les juridictions sociales, on peut citer: la cour nationale de la tarification sanitaire et sociale compétente pour statuer en appel des décisions des tribunaux interrégionaux de la tarification sanitaire et sociale (art. L. 351-4 du code de l'action sociale et des familles).

C. Les juridictions disciplinaires

Parmi les juridictions disciplinaires, on peut citer:

- les juridictions ordinales à l'instar de la chambre disciplinaire de première instance de l'ordre des médecins qui connaît des plaintes déposées à l'encontre des médecins, chirurgiens-dentistes ou sages-femmes chargés d'un service public;
- le Conseil supérieur de la magistrature (CSM) qui a le caractère d'une juridiction administrative lorsqu'il statue comme conseil de discipline des magistrats du siège.

II. LA COMPOSITION DES JURIDICTIONS ADMINISTRATIVES SPÉCIALISÉES

Les règles relatives à la composition des juridictions administratives spécialisées sont très hétérogènes. Deux traits saillants peuvent cependant être relevés.

A. Le recours à un personnel d'emprunt

Disposant rarement de leur propre personnel à l'instar de la Cour des comptes et des chambres régionales et territoriales des comptes, ces juridictions ont généralement recours à un «*personnel d'emprunt*» (René Chapus). En ce sens, la Cour de discipline budgétaire et financière est composée de conseillers d'État et de conseillers maîtres à la Cour des comptes nommés à la Cour par le pouvoir exécutif.

B. La «justice par les pairs»

La proportion des magistrats professionnels au sein des juridictions administratives spécialisées est variable. Il reste que par rapport aux membres de la profession concernée leur présence est en principe minoritaire. «*Ce phénomène de "justice par les pairs" n'est pas exempt de reproches. L'on peut en retenir deux: la prépondérance des professionnels risque de faire oublier le caractère juridictionnel de la mission et les exigences qu'elle comporte. Par ailleurs, l'on peut craindre que le "lavage du linge sale en famille" ne débouche sur des règlements de compte*» (Michel Degoffe).

III. LE FONCTIONNEMENT DES JURIDICTIONS ADMINISTRATIVES SPÉCIALISÉES

Si chaque juridiction administrative spécialisée a ses propres règles de fonctionnement, les règles générales de procédure doivent en principe être observées. Par ailleurs, leurs décisions sont soumises au contrôle de cassation du Conseil d'État.

A. Le respect des règles générales de procédure

Il ressort de la jurisprudence constante du Conseil d'État que devant une juridiction administrative – même spécialisée –, doivent être observées les règles générales de procédure, dont l'application n'est pas incompatible avec son organisation ou n'a pas été écartée par une disposition expresse. Au nombre de ces règles sont comprises celles qui régissent la récusation. En vertu de celles-ci, tout justiciable est recevable à présenter à la juridiction saisie une demande de récusation de l'un de ses membres, dès qu'il a connaissance d'une cause de récusation. Lorsqu'elle se prononce sur une demande de récusation, la juridiction en cause doit statuer sans la participation de celui de ses membres qui en est l'objet (Cons. const., décision n° 2014-423 QPC du 24 octobre 2014, *M. Stéphane R. et autres (Cour de discipline budgétaire et financière)*).

B. Le contrôle de cassation du Conseil d'État

Toutes les décisions rendues en dernier ressort par les juridictions administratives peuvent être déférées au Conseil d'État par la voie du recours en cassation (art. L. 821-1 du CJA).

TITRE II

LES RECOURS CONTENTIEUX

Fiche 55

L'INTRODUCTION DE L'INSTANCE

L'introduction de l'instance obéit principalement à des règles relatives au requérant et à la requête.

I. LES RÈGLES RELATIVES AU REQUÉRANT

A. La capacité à agir

Classiquement, le requérant doit avoir la capacité à agir – ou d'ester – en justice. Ont en principe la capacité à agir en justice :

- les personnes physiques majeures et les mineurs émancipés ;
- ainsi que les personnes dotées de la personnalité morale.

B. L'intérêt à agir

1. Une exigence commune à tous les contentieux

Classiquement encore, le requérant doit justifier d'un intérêt à agir quelle que soit la nature du contentieux. Il s'agit du « *titre juridique qui l'habilite à saisir le juge* » (René Chapus). L'intérêt doit être personnel, direct et certain. Il est apprécié à la date à laquelle le recours est exercé (CE, 6 octobre 1965, *Marcy*).

2. L'ouverture récente d'une action de groupe

a) L'objet de l'action de groupe

La loi n° 2016-1547 du 18 novembre 2016 de modernisation de la justice du XXIe siècle a ouvert la possibilité de former une action de groupe devant le juge administratif (cf. les art. L. 77-10-1 à L. 77-10-25 du CJA). En ce sens, « *lorsque plusieurs personnes, placées dans une situation similaire, subissent un dommage causé par une personne morale de droit public ou un organisme de droit privé chargé de la gestion d'un service public, ayant pour cause commune un manquement de même nature à ses obligations légales ou contractuelles, une action de groupe peut être exercée en justice au vu des cas individuels présentés par le demandeur* » (art. L. 77-10-3 du CJA).

b) La qualité du demandeur

L'exercice de l'action de groupe est très largement corseté dans la mesure où « *seules les associations agréées et les associations régulièrement déclarées depuis cinq ans au moins et dont l'objet statutaire comporte la défense d'intérêts auxquels il a été porté atteinte peuvent exercer l'action* » de groupe (art. L. 77-10-4 du CJA).

c) Le champ d'application de l'action de groupe

Une action de groupe peut être formée dans cinq domaines définis à l'article L. 77-10-1 du CJA. Ainsi, par exemple, une telle action est possible lorsque plusieurs personnes physiques placées dans une situation similaire subissent un dommage ayant pour cause commune un manquement de même nature aux dispositions de loi informatique et libertés (loi n° 78-17 du 6 janvier 1978) par un responsable de traitement de données à caractère personnel ou un sous-traitant.

3. L'ouverture récente d'une action en reconnaissance de droits

La loi n° 2016-1547 du 18 novembre 2016 de modernisation de la justice du XXIe siècle a ouvert la possibilité de former une action en reconnaissance de droits (cf. les art. L. 77-12-1 à L. 77-12-5 du CJA). Cette action « *permet à une association régulièrement déclarée ou à un syndicat professionnel régulièrement constitué de déposer une requête tendant à la reconnaissance de droits individuels résultant de l'application de la loi ou du règlement en faveur d'un groupe indéterminé de personnes ayant le même intérêt, à la condition que leur objet statutaire comporte la défense dudit intérêt. Elle peut tendre au bénéfice d'une somme d'argent légalement due ou à la décharge d'une somme d'argent illégalement réclamée. Elle ne peut tendre à la reconnaissance d'un préjudice* » (art. L. 77-12-1 du CJA).

C. Le ministère d'avocat

1. En première instance

En principe, le ministère d'avocat n'est pas obligatoire en première instance devant les tribunaux administratifs sauf lorsque les conclusions de la demande tendent au paiement d'une somme d'argent, à la décharge ou à la réduction de sommes dont le paiement est réclamé au requérant ou à la solution d'un litige né de l'exécution d'un contrat (art. R. 431-2 du CJA).

2. En appel

En principe, le ministère d'avocat est obligatoire (art. R. 811-7 du CJA).

3. En cassation

En principe, le ministère d'avocat est obligatoire (art. R. 821-3 du CJA).

II. LES RÈGLES RELATIVES À LA REQUÊTE

1. La règle de la décision préalable

Consacrée par l'article R. 421-1 du CJA, cette règle signifie que « *la juridiction ne peut être saisie que par voie de recours formé contre une décision* ». C'est dire qu'« *en l'absence d'une décision spontanément prise par l'administration, le requérant potentiel est dans l'obligation de provoquer son intervention par une demande adéquate* » (René Chapus).

2. Les règles de forme

En particulier, la requête doit :

- être accompagnée de copies, en nombre égal à celui des autres parties en cause (art. R. 411-3 du CJA) ;

- indiquer les nom et domicile des parties (art. R. 411-1, alinéa 1er, du CJA);
- être signée;
- être accompagnée, sauf impossibilité justifiée, de l'acte attaqué ou, dans le cas d'une décision implicite de rejet, de la pièce justifiant de la date de dépôt de la réclamation (art. R. 412-1 du CJA).

3. Le contenu de la requête

Rédigée en langue française (CE, 22 novembre 1985, *Quillevère*), la requête doit contenir l'exposé des faits et moyens, ainsi que l'énoncé des conclusions soumises au juge (art. R. 411-1, alinéa 1er, du CJA).

4. Le délai de recours

a) Le délai de droit commun

Le délai de recours de droit commun devant les juridictions administratives est de deux mois à partir de la notification ou de la publication de la décision attaquée (art. R. 421-1, alinéa 1er, du CJA). Ce délai – franc – permet de garantir la stabilité des actes administratifs en même temps qu'il permet aux personnes intéressées de les contester. Pour certains contentieux, ces délais peuvent être plus longs ou plus courts. Par exemple, les élections au conseil régional peuvent être contestées dans les dix jours suivant la proclamation des résultats par tout candidat ou tout électeur de la région devant le Conseil d'État statuant au contentieux (art. L. 361 du code électoral).

b) La mention du délai

En principe, les délais de recours contre une décision administrative ne sont opposables qu'à la condition d'avoir été mentionnés, ainsi que les voies de recours, dans la notification de la décision (art. R. 421-5 du CJA).

c) L'expiration du délai et les moyens de légalité

Si le requérant n'a soulevé, dans le délai du recours contentieux, que des moyens de légalité interne, il ne peut plus invoquer, une fois le délai expiré, des moyens de légalité externe – sauf ceux qui sont d'ordre public –, et réciproquement (CE, 20 février 1953, *Sté Intercopie*).

d) La prorogation du délai

Parfois, le délai peut être prorogé. En ce sens, en vertu d'une règle générale de procédure, le délai de recours contentieux est prorogé par l'exercice d'un recours administratif (CE, 30 mars 2016, *Société Diversité TV France*).

Fiche 56

LES RÉFÉRÉS

En principe, le juge des référés statue seul. Il exerce son office soit dans le cadre des référés d'urgence soit dans le cadre des référés ordinaires.

I. LE JUGE DES RÉFÉRÉS : UN JUGE UNIQUE

A. Le principe du juge unique

1. Le juge des référés des tribunaux administratifs et cours administratives d'appel

Sont juges des référés, les présidents des tribunaux administratifs et des cours administratives d'appel ainsi que les magistrats qu'ils désignent à cet effet et qui, sauf absence ou empêchement, ont une ancienneté minimale de deux ans et ont atteint au moins le grade de premier conseiller (art. L. 511-2, alinéa 1er, du CJA). Pour le législateur, cette exigence d'expérience constitue « *un gage de la qualité des décisions rendues* » (rapport n° 2302 fait par M. François Colcombet sur le projet de loi relatif au référé devant les juridictions administratives, enregistré à la présidence de l'Assemblée nationale le 29 mars 2000).

2. Le juge des référés du Conseil d'État

Pour les litiges relevant de la compétence du Conseil d'État, sont juges des référés le président de la section du contentieux ainsi que les conseillers d'État qu'il désigne à cet effet (art. L. 511-2, alinéa 2, du CJA).

B. L'exception : la collégialité

Lorsque la nature de l'affaire le justifie, le président du tribunal administratif ou de la cour administrative d'appel ou, au Conseil d'État, le président de la section du contentieux peut décider qu'elle sera jugée par une formation composée de trois juges des référés, sans préjudice du renvoi de l'affaire à une autre formation de jugement dans les conditions de droit commun (art. L. 511-2, alinéa 3, du CJA).

II. LES RÉFÉRÉS D'URGENCE

La loi n° 2000-597 du 30 juin 2000 relative au référé devant les juridictions administratives a institué trois référés d'urgence de droit commun.

A. Le référé-suspension

Le référé-suspension est prévu par l'article L. 521-1 du CJA.

1. L'objet du référé-suspension

Ce référé permet d'obtenir la suspension de l'exécution d'une décision administrative ou de certains de ses effets.

2. Les conditions de recevabilité

a) L'existence d'une décision administrative

La demande de référé-suspension doit concerner une décision administrative – même de rejet. Ainsi, par exemple, les conclusions tendant à la suspension de l'exécution d'une lettre du ministre de l'enseignement supérieur et de la recherche, qui ne constitue une décision faisant grief, ne sont pas recevables (CE, ord., 24 août 2009, *Université Paris 8 Vincennes Saint-Denis*).

b) L'existence d'une demande principale d'annulation ou de réformation de la décision administrative

La demande de référé-suspension n'est recevable que si elle constitue l'accessoire d'une demande principale d'annulation ou de réformation de la décision administrative. Les conclusions aux fins de suspension de la décision administrative doivent être présentées par requête distincte de la requête à fin d'annulation ou de réformation et accompagnées d'une copie de cette dernière (art. R. 522-1, alinéa 2, du CJA).

3. Les conditions d'octroi de la suspension

La suspension de l'exécution d'une décision administrative, ou de certains de ses effets, est subordonnée à deux conditions. Toutefois, même lorsque ces conditions « *sont remplies, il appartient au juge des référés d'apprécier, si, à titre exceptionnel, il convient [...] de ne pas ordonner la suspension de l'exécution de la décision attaquée ou de certains de ses effets* » (CE, 15 juin 2001, *Sté Robert Nioche et ses fils SA*).

a) L'urgence

« *La condition d'urgence à laquelle est subordonné le prononcé d'une mesure de suspension doit être regardée comme remplie lorsque la décision administrative contestée préjudicie de manière suffisamment grave et immédiate à un intérêt public, à la situation du requérant ou aux intérêts qu'il entend défendre* » (CE, 19 janvier 2001, *Confédération nationale des radios libres*). Cette condition est appréciée *in concreto* par le juge des référés. Parfois, la jurisprudence admet une présomption d'existence d'urgence (CE, 14 mars 2001, *Ministre de l'Intérieur c/ Mme Ameur* à propos d'un refus de renouvellement du titre de séjour ou du retrait de celui-ci).

b) Le moyen propre à créer un doute sérieux quant à la légalité de la décision

La suspension ne pourra être ordonnée que « *s'il est fait état d'un moyen propre à créer, en l'état de l'instruction, un doute sérieux quant à la légalité de la décision* » (art. L. 521-1 du CJA). Il peut s'agir d'un moyen de légalité externe ou d'un moyen de légalité interne.

4. Le délai de jugement

Le législateur n'impose pas au juge du référé-suspension de statuer dans un délai déterminé. Il doit cependant se prononcer « *dans les meilleurs délais* » (art. L. 511-1 du CJA).

5. Les voies de recours

Les ordonnances du juge du référé-suspension sont rendues en dernier ressort (art. L. 523-1, alinéa 1er, du CJA). Elles sont susceptibles de pourvoi en cassation (art. R. 523-1 du CJA).

B. Le référé-liberté

Le référé-liberté est prévu par l'article L. 521-2 du CJA.

1. L'objet du référé-liberté

Ici, le juge des référés peut ordonner toutes mesures nécessaires à la sauvegarde d'une liberté fondamentale à laquelle une personne morale de droit public ou un organisme de droit privé chargé de la gestion d'un service public aurait porté, dans l'exercice d'un de ses pouvoirs, une atteinte grave et manifestement illégale. Par exemple, le juge du référé-liberté a pu :

- suspendre l'exécution d'une mesure d'assignation à résidence prise par le ministre de l'Intérieur dans le cadre de l'état d'urgence (CE, ord., 22 janvier 2016, *M. B.*, n° 396116) ;
- ordonner à Aéroports de Paris de mettre fin à l'application de la décision ordonnant la rétention d'un avion (CE, 2 juillet 2003, *Sté Outremer Finance Ltd*).

2. Les conditions d'octroi

Le juge du référé-liberté ne peut ordonner les mesures nécessaires à la sauvegarde d'une liberté fondamentale que si trois conditions sont réunies.

a) L'urgence

Le demandeur doit « *justifier de circonstances particulières caractérisant la nécessité pour lui de bénéficier, dans le très bref délai prévu par les dispositions de l'article L. 521-2 du code de justice administrative, d'une mesure provisoire visant à sauvegarder une liberté fondamentale* » (CE, ord., 7 juin 2011, *Malonga*). Les hypothèses de présomption d'urgence sont rares. Tel est le cas, par exemple, à propos des assignations à résidence prises dans le cadre de l'état d'urgence (CE, ord., 22 janvier 2016, *M. B.*, n° 396116).

b) La sauvegarde d'une liberté fondamentale

La notion de liberté fondamentale est une notion autonome. En ce sens, c'est le juge du référé-liberté qui, au fil de sa jurisprudence, qualifie telle ou telle liberté de liberté fondamentale au sens de l'article L. 521-2 du CJA. Par exemple, sont des libertés fondamentales :

- le droit au respect de la vie (CE, 16 novembre 2011, *Ville de Paris et Sté d'économie mixte PariSeine*) ;

- le droit constitutionnel d'asile qui a pour corollaire le droit de solliciter le statut de réfugié, dont l'obtention est déterminante pour l'exercice par les personnes concernées des libertés reconnues de façon générale aux ressortissants étrangers (CE, ord., 12 janvier 2001, *Mme Hyacinthe*) ;
- et le droit à la présomption d'innocence (CE, ord., 14 mars 2005, *Gollnisch*).

En revanche, si l'autorité administrative a pour obligation d'assurer la sécurité publique, la méconnaissance de cette obligation ne constitue pas par elle-même une atteinte grave à une liberté fondamentale (CE, ord., 20 juillet 2001, *Cne de Mandelieu-la-Napoule*).

c) L'atteinte grave et manifestement illégale à une liberté fondamentale

Le requérant doit « *subir directement et personnellement l'atteinte à la liberté fondamentale dont il se prévaut* » (CE, 17 avril 2002, *Meyet*).

Cette atteinte peut résulter « *de l'application de dispositions législatives qui sont manifestement incompatibles avec les engagements européens ou internationaux de la France, ou dont la mise en œuvre entraînerait des conséquences manifestement contraires aux exigences nées de ces engagements* » (CE, 31 mai 2016, *Mme Gonzalez-Gomez*).

3. Le délai de jugement

Le juge des référés se prononce dans un délai de quarante-huit heures (art. L. 521-2 du CJA).

4. Les voies de recours

Les ordonnances des juges du référé-liberté des tribunaux administratifs sont susceptibles d'appel devant le Conseil d'État dans les quinze jours de leur notification. En ce cas, le président de la section du contentieux du Conseil d'État ou un conseiller délégué à cet effet statue dans un délai de 48 heures.

C. Le référé conservatoire ou mesures utiles

Le référé conservatoire ou mesures utiles est prévu par l'article L. 521-3 du CJA.

1. L'objet du référé conservatoire

Le juge des référés peut ordonner des mesures qui « *ont pour objet de prévenir la survenance ou l'aggravation d'une situation dommageable, la prolongation d'une situation illicite, ou d'assurer la protection des droits et intérêts d'une partie ou de sauvegarder l'intérêt général* » (René Chapus). Par exemple, le juge peut ordonner la libération du terrain du domaine public maritime occupé sans titre par une entreprise (CE, 28 mai 2001, *SARL Majeyda*).

2. Les conditions d'octroi

Les conditions d'octroi sont :

- la reconnaissance de l'urgence – qui n'est pas subordonnée au caractère irréversible de la situation invoquée à l'appui de la demande (CE, 26 octobre 2005, *Sté des crématoriums de France*) ;

- l'utilité des mesures susceptibles d'être prononcées par le juge ;
- et l'absence d'obstacle à l'exécution d'une décision administrative.

3. Le délai de jugement

Le législateur n'impose pas au juge du référé conservatoire de statuer dans un délai déterminé. Il doit cependant se prononcer « *dans les meilleurs délais* » (art. L. 511-1 du CJA).

4. Les voies de recours

Les ordonnances du juge du référé conservatoire sont rendues en dernier ressort (art. L. 523-1, alinéa 1er, du CJA). Elles sont susceptibles de pourvoi en cassation (art. R. 523-1 du CJA)

III. LES RÉFÉRÉS ORDINAIRES

Trois référés ordinaires doivent être distingués.

A. Le référé-constat

Prévu par l'article R. 531-1 du CJA, le référé-constat permet au juge des référés de désigner un expert pour constater sans délai les faits qui seraient susceptibles de donner lieu à un litige devant la juridiction. Par exemple, le juge peut demander à un expert de constater l'état de chaussée d'une route à l'endroit où un accident s'est produit (CE, 18 novembre 1959, *Dpt de Constantine*).

B. Le référé-instruction

Prévu par l'article R. 532-1 du CJA, le référé-instruction permet au juge de prescrire toute mesure utile d'expertise ou d'instruction. Il peut notamment charger un expert de procéder, lors de l'exécution de travaux publics, à toutes constatations relatives à l'état des immeubles susceptibles d'être affectés par des dommages ainsi qu'aux causes et à l'étendue des dommages qui surviendraient effectivement pendant la durée de sa mission.

C. Le référé-provision

Prévu par l'article R. 541-1 du CJA, le référé-provision permet au juge d'accorder une provision au créancier qui l'a saisi lorsque l'existence de l'obligation n'est pas sérieusement contestable. Par exemple, une provision peut être accordée à un patient ayant subi un préjudice à la suite de son hospitalisation (CE, 10 avril 1992, *Centre hospitalier général d'Hyères*). Toutefois, le juge du référé-provision peut subordonner le versement de la provision à la constitution d'une garantie.

Fiche 57

L'INSTRUCTION DE L'AFFAIRE

I. L'INSTRUCTION

Destinée à mettre les affaires en état d'être jugées, la procédure d'instruction présente trois caractéristiques.

A. Le caractère contradictoire de la procédure

1. La consécration du principe de la contradiction ou du contradictoire

D'abord consacré «*principe général du droit*» par le juge administratif (CE, 12 mai 1961, *Sté La Huta*), le respect du caractère contradictoire de la procédure figure aujourd'hui dans le «*décalogue*» de la juridiction administrative (Renaud Denoix de Saint-Marc) dans la mesure où il est consacré par l'article L. 5 du CJA. Selon cet article, «*l'instruction des affaires est contradictoire. Les exigences de la contradiction sont adaptées à celles de l'urgence, du secret de la défense nationale et de la protection de la sécurité des personnes*». Pour le Conseil constitutionnel, le principe du caractère contradictoire de la procédure est le corollaire du principe des droits de la défense (Cons. const., décision n° 89-268 DC du 29 décembre 1989, *Loi de finances pour 1990*).

2. La consistance du principe de la contradiction ou du contradictoire

«*Le principe du caractère contradictoire de l'instruction, [...] qui tend à assurer l'égalité des parties devant le juge, implique la communication à chacune des parties de l'ensemble des pièces du dossier, ainsi que, le cas échéant, des moyens relevés d'office. [...] Ces règles sont applicables à l'ensemble de la procédure d'instruction à laquelle il est procédé sous la direction de la juridiction*» (CE, 21 juin 2013, *Communauté d'agglomération de Martigues*).

3. Le débat contradictoire et les éléments contenus dans une note en délibéré

Postérieurement à la clôture de l'instruction et au prononcé des conclusions du commissaire du Gouvernement, l'une des parties à l'instance peut déposer une note en délibéré (art. R. 731-3 du CJA). Le juge administratif est tenu d'en prendre connaissance avant la séance au cours de laquelle sera rendue la décision. Il reste que «*s'il a toujours la faculté, dans l'intérêt d'une bonne justice, de rouvrir l'instruction et de soumettre au débat contradictoire les éléments contenus dans la note en délibéré, il n'est tenu de le faire à peine d'irrégularité de sa décision que si cette note contient soit l'exposé d'une circonstance de fait dont la partie qui l'invoque n'était pas en mesure de faire état avant la clôture de l'instruction et que le juge ne pourrait ignorer sans fonder sa décision sur des faits matériellement inexacts, soit d'une circonstance de droit nouvelle ou que le juge devrait relever d'office»* (CE, 12 juillet 2002, *M. et Mme Leniau*).

B. Le caractère écrit de la procédure

Devant la juridiction administrative, « *la procédure est principalement écrite* » (CE, 17 mai 1968, *Andrei*). C'est dire en particulier que l'instruction est réalisée à partir des mémoires des parties.

C. Le caractère inquisitorial de la procédure

La procédure est inquisitoriale en ce sens que c'est le juge administratif qui la dirige. « *De manière générale, il appartient au juge administratif, dans la conduite de la procédure inquisitoire, de demander aux parties de lui fournir tous les éléments d'appréciation de nature à établir sa conviction* » (CE, 30 octobre 2009, *Mme Perreux*). Il peut ainsi « *exiger de l'administration compétente la production de tous documents susceptibles d'établir (s)a conviction* » (CE, 28 mai 1954, *Barel*).

II. L'OFFICE DU RAPPORTEUR PUBLIC

Le commissaire du Gouvernement, dénommé depuis 2009 « rapporteur public » (décret n° 2009-14 du 7 janvier 2009), « *fait partie d'une [des] formations d'instruction et participe aux séances de travail au cours desquelles cette formation procède au premier examen de chaque affaire et arrête une solution provisoire. Mais le jour où l'affaire est portée devant une formation de jugement, les chemins du [rapporteur public] et de ses collègues se séparent. Le premier a pour tâche d'exposer publiquement les données de l'affaire et d'indiquer la solution qui lui paraît conforme au droit, les autres doivent rendre la décision* » (Didier Chauvaux et Jacques-Henri Stahl).

A. La mission du rapporteur public

Le rapporteur public a pour mission d'exposer à la juridiction « *les questions que présente à juger chaque recours contentieux et de faire connaître, en formulant en toute indépendance ses conclusions, son appréciation, qui doit être impartiale, sur les circonstances de fait de l'espèce et les règles de droit applicables ainsi que son opinion sur les solutions qu'appelle, suivant sa conscience, le litige soumis à la juridiction* » (CE, 10 juillet 1957, *Gervaise*. Voir également l'art. L. 7 du CJA).

B. La communication aux parties du sens des conclusions

L'article R. 711-3 du CJA prévoit la communication aux parties du sens des conclusions afin de les « *mettre en mesure d'apprécier l'opportunité d'assister à l'audience publique, de préparer, le cas échéant, les observations orales qu'elles peuvent y présenter, après les conclusions du rapporteur public, à l'appui de leur argumentation écrite et d'envisager, si elles l'estiment utile, la production, après la séance publique, d'une note en délibéré [...]. En conséquence, les parties ou leurs mandataires doivent être mis en mesure de connaître, dans un délai raisonnable avant l'audience, l'ensemble des éléments du dispositif de la décision que le rapporteur public compte proposer à la formation de jugement d'adopter»* (CE, 21 juin 2013, *Communauté d'agglomération du pays de Martigues*).

C. La question de la présence du rapporteur public au délibéré

La question de la présence du rapporteur public au délibéré s'est posée à la suite de la condamnation de la France par la Cour européenne des droits de l'Homme dans l'affaire *Kress* (CEDH, 7 juin 2001, *Kress c/ France*). Dans cette affaire, la Cour a jugé que la participation du commissaire du Gouvernement au délibéré de la formation de jugement constituait une violation de l'article 6, § 1, de la convention européenne de sauvegarde des droits de l'Homme et des libertés fondamentales. Le pouvoir réglementaire a tiré les conséquences de cette décision afin de rendre l'institution du rapporteur public «*eurocompatible*» (CEDH, 4 juin 2013, *Marc-Antoine c/ France*).

1. L'absence du rapporteur public au délibéré des tribunaux administratifs et des cours administratives d'appel

Le rapporteur public n'est pas présent au délibéré des tribunaux administratifs et des cours administratives d'appel (art. R. 732-2 du CJA).

2. La présence du rapporteur public au délibéré du Conseil d'État

Sauf demande contraire d'une partie, le rapporteur public assiste au délibéré. Toutefois, il n'y prend pas part (art. R. 733-3 du CJA).

Fiche 58

LES VOIES DE RECOURS

I. L'APPEL

A. La définition

L'appel peut se définir comme « *la voie de recours instituée contre toute décision rendue en premier ressort par une juridiction administrative, afin de contrôler l'adéquation ou la régularité du jugement initial* » (Olivier Gohin). Il s'agit à la fois d'une voie de réformation ou d'annulation et d'une voie d'achèvement. « *D'un côté, le juge vérifie non seulement que le jugement qui lui est déféré est régulier et si tel n'est pas le cas il l'annule, mais aussi s'il lui paraît bon et si tel n'est pas le cas il est annulé ou réformé. D'un autre côté, et comme l'objet de l'appel est le litige, le juge d'appel se prononce au fond en réappréciant les éléments de fait et de droit* » (Marc Gjidara).

B. La règle du double de degré de juridiction

« *Lorsqu'un texte ouvre la voie de l'appel à l'encontre d'un jugement, la règle du double degré de juridiction s'impose aussi bien aux justiciables qu'aux juges eux-mêmes* » (CE, 17 décembre 2003, *Meyet*).

1. L'absence d'un principe constitutionnel

La règle du double degré de juridiction n'a pas, en elle-même, valeur constitutionnelle (Cons. const., décision n° 2004-491 DC du 12 février 2004, *Loi complétant le statut d'autonomie de la Polynésie française*).

2. L'absence d'un principe général du droit

La règle du double degré de juridiction ne constitue pas « *un principe général du droit qui interdirait au pouvoir réglementaire de prévoir, dans l'exercice de sa compétence, des cas dans lesquels les jugements sont rendus en premier et dernier ressort* » (CE, 17 décembre 2003, *Meyet*). C'est le cas, par exemple, pour :

- les litiges relatifs aux refus de concours de la force publique pour exécuter une décision de justice (art. R. 811-1, 3°, du CJA) ;
- et les litiges relatifs au permis de conduire (art. R. 811-1, 6°, du CJA).

C. Le délai d'appel

En principe, le délai d'appel est de deux mois à compter du jour de la notification du jugement (art. R. 811-2 du CJA)

D. L'absence de caractère suspensif de l'appel

En principe, l'appel n'est pas suspensif (art. R. 811-14 du CJA), mais il peut être assorti d'une demande de sursis à exécution du jugement (art. R. 811-15 et s. du CJA).

II. LE POURVOI EN CASSATION

A. Un recours d'ordre public

Le recours en cassation est toujours possible contre les décisions rendues en dernier ressort par les juridictions administratives alors même :

- qu'aucun texte ne prévoit ce recours ;
- que le législateur a prévu que la décision n'est susceptible d'aucun recours (CE, 7 février 1947, *d'Aillières*).

B. Les conditions du recours en cassation

1. Le délai de recours en cassation

En principe, le délai de recours en cassation est de deux mois (art. R. 821-1 du CJA) à compter de la notification de l'arrêt.

2. La présentation du pourvoi par le ministère d'un avocat au Conseil d'État et à la Cour de cassation

Le ministère d'un avocat au Conseil d'État et à la Cour de cassation est obligatoire pour l'introduction, devant le Conseil d'État, des recours en cassation, à l'exception de ceux dirigés contre les décisions de la commission centrale d'aide sociale et des juridictions de pension (art. R. 821-3 du CJA).

C. L'absence de caractère suspensif du pourvoi

Le pourvoi en cassation n'est pas suspensif, mais il peut être assorti d'une demande de sursis à exécution de la décision juridictionnelle rendue en dernier ressort (art. R. 821-5 du CJA).

D. L'office du juge de cassation

1. La double fonction disciplinaire et juridique du juge de cassation

« *Dans le cadre de sa fonction disciplinaire, il corrige les éventuelles irrégularités ou inexactitudes qui entachent la décision contestée. Au titre de sa fonction juridique, il veille à l'harmonie des solutions rendues par les juges du fond, l'unité d'interprétation des normes et d'application des règles jurisprudentielles constituant l'indispensable condition de l'égalité entre les justiciables* » (Mattias Guyomar et Bertrand Seiller).

2. Les conséquences de la cassation

S'il prononce l'annulation d'une décision d'une juridiction administrative statuant en dernier ressort, le Conseil d'État peut :

- soit renvoyer l'affaire devant la même juridiction statuant, sauf impossibilité tenant à la nature de la juridiction, dans une autre formation ;
- soit renvoyer l'affaire devant une autre juridiction de même nature ;
- soit régler l'affaire au fond si l'intérêt d'une bonne administration de la justice le justifie (art. L. 821-2 du CJA).

Lorsque l'affaire fait l'objet d'un second pourvoi en cassation, le Conseil d'État statue définitivement sur cette affaire (*id.*).

III. LES AUTRES VOIES DE RECOURS

À côté des principales voies de recours, les autres voies de recours occupent une place de second rang.

A. L'opposition et la tierce opposition

1. L'opposition

Il s'agit d'une voie de recours contre la décision rendue par défaut. En effet, « *toute personne qui, mise en cause par la cour administrative d'appel ou le Conseil d'État, n'a pas produit de défense en forme régulière est admise à former opposition à la décision rendue par défaut, sauf si celle-ci a été rendue contradictoirement avec une partie qui a le même intérêt que la partie défaillante* » (art. R. 831-1 du CJA). Lorsque l'opposition est admise, le litige est rejugé (art. R. 831-5 du CJA).

2. La tierce opposition

a) Une règle générale de procédure

La tierce opposition est au nombre des règles générales de procédure applicables dès lors qu'elles n'ont pas été écartées par une disposition législative expresse (CE, 3 novembre 1972, *Dme de Talleyrand-Périgord*).

b) L'objet du recours

« *Toute personne peut former tierce opposition à une décision juridictionnelle qui préjudicie à ses droits, dès lors que ni elle ni ceux qu'elle représente n'ont été présents ou régulièrement appelés dans l'instance ayant abouti à cette décision* » (art. R. 832-1 du CJA). Lorsque la tierce opposition est admise, le litige est rejugé.

B. Le recours en rectification d'erreur matérielle et le recours en révision

1. Le recours en rectification d'erreur matérielle

Lorsqu'une décision d'une cour administrative d'appel ou du Conseil d'État est entachée d'une erreur matérielle susceptible d'avoir exercé une influence sur le jugement de l'affaire, la partie intéressée peut introduire devant la juridiction qui a rendu la décision un recours en rectification. Ce recours doit être introduit dans un délai de deux mois qui court du jour de la notification ou de la signification de la décision dont la rectification est demandée (art. R. 833-1 du CJA).

2. Le recours en révision

Le recours en révision contre une décision contradictoire rendue par le Conseil d'État est possible dans trois cas:

- si elle a été rendue sur pièces fausses;
- si la partie a été condamnée faute d'avoir produit une pièce décisive qui était retenue par son adversaire;
- si la décision est intervenue sans qu'aient été observées les dispositions du CJA relatives à la composition de la formation de jugement, à la tenue des audiences ainsi qu'à la forme et au prononcé de la décision (art. R. 834-1 du CJA).

Si le recours est admis, le Conseil d'État statue à nouveau.

C. Le recours dans l'intérêt de la loi

Le recours dans l'intérêt de la loi est un recours réservé aux ministres ouvert même sans texte contre les jugements définitifs. Lorsque l'annulation est prononcée, celle-ci n'a aucune incidence sur les parties à l'instance. Il s'agit de «*faire censurer la doctrine d'une décision [...]* [et] *d'éviter qu'elle fasse précédent*» (Raymond Odent).

D. Le recours en interprétation contre une décision juridictionnelle

Le recours en interprétation d'une décision juridictionnelle doit être exercé devant la juridiction administrative qui l'a rendue (CE, 28 janvier 1966, *Sté «La Purfina française»*). Toutefois, un tel recours n'est recevable que s'il émane d'une partie à l'instance ayant abouti au prononcé de la décision dont l'interprétation est sollicitée et dans la seule mesure où il peut valablement être argué que cette décision est obscure ou ambiguë (CE, 13 mars 2013, *Département du Tarn-et-Garonne c/ Épx Berges*).

Fiche 59

LE RECOURS POUR EXCÈS DE POUVOIR

De façon générale, le recours pour excès de pouvoir (REP) se définit comme « *la voie de droit par laquelle est demandée au juge l'annulation d'un acte administratif, en raison de l'illégalité dont il serait entaché* » (René Chapus).

I. LES CARACTÉRISTIQUES DU RECOURS POUR EXCÈS DE POUVOIR

A. Un recours objectif

Selon la formule de Laferrière, le REP est un « *procès fait à un acte* ». C'est dire qu'il s'agit d'un recours objectif tendant uniquement à l'annulation d'un acte administratif.

B. Un recours d'utilité publique

L'objet du REP étant d'assurer le respect de la légalité, le requérant se comporte « *comme un défenseur de la légalité ou un "procureur du droit"* » (René Chapus). C'est ainsi que les conditions d'exercice du REP sont peu contraignantes de telle sorte :

- qu'il s'agit d'un recours ouvert, même sans texte, contre toute décision administrative en vertu d'un principe général du droit (CE, 17 février 1950, *Dame Lamotte*) ;
- qu'il est dispensé du ministère d'avocat en première instance ;
- que l'intérêt à agir est entendu par le juge de manière libérale.

C. Un recours d'ordre public

Le REP est un recours d'ordre public en ce sens que le requérant :

- ne peut pas y renoncer par avance (CE, 13 février 1948, *Louarn et* CE, 19 novembre 1955, *Andréani)* ;
- peut toujours revenir sur son désistement tant que la juridiction saisie n'en a pas donné acte (CE, 21 avril 1944, *Société Dockès frères*).

II. LES CAS D'OUVERTURE

On distingue classiquement deux groupes de cas d'ouverture ou chefs d'illégalité.

A. La légalité externe

La légalité externe porte sur le respect des règles de compétence, de forme et de procédure.

1. L'incompétence

L'incompétence est un moyen d'ordre public: le juge peut le soulever d'office (CE, 15 février 1961, *Alfred-Joseph*). L'incompétence peut être:

- matérielle – incompétence *ratione materiæ*;
- territoriale – incompétence *ratione loci*;
- temporelle – incompétence *ratione temporis*.

2. Le vice de forme ou de procédure

Ce moyen n'est pas d'ordre public.

a) Le vice de forme

Le vice de forme affecte la présentation extérieure de l'acte. Par exemple, il peut s'agir:

- d'un défaut de motivation (art. L. 211-1 et s. du CRPA)
- ou de la méconnaissance des dispositions de l'article L. 212-1 du CRPA qui imposent que « *toute décision prise par une administration comporte la signature de son auteur ainsi que la mention, en caractères lisibles, du prénom, du nom et de la qualité de celui-ci* ».

b) Le vice de procédure

Le vice de procédure concerne la méconnaissance d'une règle de procédure relative à l'élaboration de l'acte. Par exemple, il peut s'agir d'un défaut de consultation d'un organe consultatif ou de la méconnaissance des droits de la défense.

c) Les conséquences des vices de forme et de procédure

Tous les vices de forme et de procédure ne sont pas de nature à entraîner l'annulation de l'acte attaqué. En effet « *si les actes administratifs doivent être pris selon les formes et conformément aux procédures prévues par les lois et règlements, un vice affectant le déroulement d'une procédure administrative préalable, suivie à titre obligatoire ou facultatif, n'est de nature à entacher d'illégalité la décision prise que s'il ressort des pièces du dossier qu'il a été susceptible d'exercer, en l'espèce, une influence sur le sens de la décision prise ou qu'il a privé les intéressés d'une garantie* » (CE, 23 décembre 2011, *Danthony*). Cette solution s'applique également « *en cas d'omission d'une procédure obligatoire, à condition qu'une telle omission n'ait pas pour effet d'affecter la compétence de l'auteur de l'acte* » (CE, 17 février 2012, *Société Chiesi SA)*.

B. La légalité interne

La légalité interne porte sur la conformité de l'acte aux règles de fond applicables.

1. L'illégalité en raison du contenu de l'acte : la « violation directe de la loi »

La violation directe de la loi est constituée lorsque « *la norme édictée considérée en elle-même [...] n'est pas conforme à la légalité* » (René Chapus).

2. L'illégalité en raison des motifs de l'acte

Elle peut prendre plusieurs formes.

a) L'erreur de droit

Il y a erreur de droit lorsque l'administration a pris sa décision en se fondant :

- sur une norme inexistante ou inapplicable ;
- sur une norme illégale ;
- sur une norme mal interprétée.

b) L'erreur de fait

Il y a erreur de fait lorsque :

- l'administration a pris sa décision en se fondant sur des faits matériellement inexacts (CE, 14 janvier 1916, *Camino*) ;
- l'administration s'est trompée sur la qualification juridique des faits qu'elle a pris en considération (CE, 4 avril 1914, Gomel).

3. L'illégalité en raison du but de l'acte

a) Le détournement de pouvoir

Le détournement de pouvoir est le fait de « *détourner un pouvoir légal du but pour lequel il a été institué, à le faire servir à des fins auxquelles il n'est pas destiné* » (Laferrière). Ainsi, il peut y avoir détournement de pouvoir lorsque :

- l'acte administratif n'a pas été pris dans le but de satisfaire un intérêt public (par ex., CE, 14 mars 1934, *Delle Rault* à propos d'un maire qui règlemente les heures d'ouverture des bals publics pour éviter que la Dlle Rault fasse concurrence à sa propre auberge) ;
- l'acte administratif « *est pris dans un intérêt public, mais qui n'est pas celui pour lequel les pouvoirs nécessaires pour prendre l'acte ont été conférés à son auteur* » (GAJA, comm. sous CE, 26 novembre 1875, *Pariset*).

b) Le détournement de procédure

C'est « *un détournement de pouvoir d'une espèce nouvelle* » (Maurice Hauriou). C'est le fait pour l'administration de recourir à une procédure autre que celle qui est normalement prévue, afin d'éviter certaines formalités, ou de supprimer certaines garanties (par ex., CE, 24 juin 1960, *Société Frampar* à propos de l'ordre donné par le préfet d'Alger de saisir des numéros du journal France-Soir fondé sur l'article 10 du code d'instruction criminelle dont le champ d'application était limité aux actes nécessaires à l'effet de constater les crimes et délits contre la sûreté intérieure et la sûreté extérieure de l'État et d'en livrer les auteurs aux tribunaux chargés de les punir).

III. L'ÉTENDUE DU CONTRÔLE JURIDICTIONNEL

Lorsque le juge est saisi d'un REP contre un acte administratif pris par l'administration, son contrôle juridictionnel peut être plus ou moins rigoureux. Il vérifie toujours la compétence de l'auteur de l'acte. Par ailleurs, lorsque les moyens sont évoqués devant lui, il contrôle les vices de forme et de procédure, le détournement de pouvoir, la « *violation directe de la loi* », l'erreur de droit ainsi que l'exactitude matérielle des faits. Le juge peut ensuite arrêter son contrôle comme c'est le cas en ce qui concerne les appréciations des jurys d'examen ou de concours (CE, 20 mars 1987, *Gambus*) – on parle de contrôle infra-minimum – ou exercer un contrôle minimum, normal ou maximum. Plus le contrôle est poussé, plus la liberté d'action de l'administration est réduite.

A. Le contrôle minimum : le contrôle de l'erreur manifeste d'appréciation

Ce contrôle est qualifié de minimum – ou parfois de restreint – en ce sens qu'il ne porte pas sur la qualification juridique des faits. « *Pour pallier cet inconvénient, le Conseil d'État admet depuis 1961* [CE, 15 février 1961, Lagrange] *qu'une erreur manifeste commise par l'autorité administrative dans les appréciations de fait auxquelles cette autorité se livre peut [...] constituer un excès de pouvoir* » (Raymond Odent). Ce contrôle réduit à l'erreur manifeste d'appréciation (EMA) est aujourd'hui exercé dans la plupart des hypothèses où l'administration dispose d'un pouvoir discrétionnaire (CE, 2 novembre 1973, *SA Librairie François Maspero* dans le domaine des publications étrangères). Le juge sanctionne alors le « *flagrant délit administratif* » (Guy Braibant), c'est-à-dire « *l'erreur à la fois apparente et grave* » (*id.*).

B. Le contrôle normal

Ce contrôle est qualifié de normal parce qu'il porte sur la qualification juridique des faits. Ici, le juge vérifie « *si les faits, tels qu'ils existent, présentent les caractéristiques permettant de prendre la décision, s'ils sont "de nature à" justifier celle-ci* » (GAJA, comm. sous CE, 4 avril 1914, *Gomel*. À propos des publications étrangères, v. CE, 9 juillet 1997, *Association Ekin*).

C. Le contrôle maximum

Dans certains contentieux, le juge administratif exerce un contrôle maximum en ce sens que le « *contrôle de la qualification juridique s'exerce alors à la fois sur les motifs et sur le dispositif, sur la relation qui doit exister entre les premiers et le second* » (Mattias Guyomar et Bertrand Seiller).

1. Le contentieux des pouvoirs de police administrative

L'arrêt *Benjamin* rendu par le Conseil d'État le 19 mai 1933 suffit à synthétiser la teneur du contrôle de proportionnalité puisque la Haute juridiction administrative reconnaît, qu'au regard des troubles à l'ordre public susceptibles d'être occasionnés par la conférence tenue par M. Benjamin, l'arrêté d'interdiction édicté par le maire de Nevers n'était pas nécessaire et que d'autres mesures policières plus appropriées auraient pu être adoptées.

2. Le contentieux des opérations d'expropriation

Dans le contentieux de l'expropriation, le juge administratif apprécie l'utilité publique de l'opération envisagée en mettant en balance les avantages et les inconvénients de l'opération (CE, 28 mai 1971, *Ville Nouvelle Est*). Le juge considère qu'une opération ne peut être déclarée d'utilité publique que si « *le coût financier et éventuellement les inconvénients d'ordre social ou l'atteinte à d'autres intérêts publics qu'elle comporte ne sont pas excessifs eu égard à l'intérêt qu'elle présente* » (CE, 20 octobre 1972, *Sté civile Sainte-Marie de l'Assomption*).

IV. LES CONSÉQUENCES DE L'ANNULATION CONTENTIEUSE

En principe, l'annulation contentieuse revêt un caractère rétroactif. Toutefois, le juge peut moduler dans le temps les effets de cette annulation dans les conditions prévues par la jurisprudence *Association AC ! et autres* du 11 mai 2004. Lorsque l'annulation résulte d'une méconnaissance du droit de l'Union européenne, cette faculté ne peut être utilisée qu'à titre exceptionnel et en présence d'une nécessité impérieuse (pour un exemple jurisprudentiel, voir CE, 19 juillet 2017, *Association nationale des opérateurs détaillants en énergie*).

Fiche 60

LES AUTRES RECOURS

I. LE CONTENTIEUX DE PLEINE JURIDICTION

A. La définition du contentieux de pleine juridiction

Dans les contentieux de « *pleine juridiction* », le juge administratif dispose de l'intégralité des pouvoirs juridictionnels. Il peut donc non seulement annuler un acte administratif, le réformer ou encore condamner l'administration à verser une indemnité en réparation d'un dommage.

B. Le champ du contentieux de pleine juridiction

« *À côté du plein contentieux d'origine, qu'on pourrait dire limité au contentieux des contrats et à celui de la responsabilité administrative, s'est élargi un plein contentieux "par construction" qui, pour être un procès fait à l'acte comme l'est le recours pour excès de pouvoir, mobilise les pouvoirs du juge au-delà de la simple annulation et les étend à la correction ou à la réfaction de l'acte contesté* » (Yves Gaudemet). Tel est le cas, par exemple, du contentieux des sanctions administratives (CE, 16 février 2009, *Société ATOM*).

II. LE CONTENTIEUX DE L'APPRÉCIATION ET DE L'INTERPRÉTATION DE LÉGALITÉ

A. Le recours en appréciation de légalité

Saisi par voie d'exception dans le cadre d'une question préjudicielle posée par le juge judiciaire, le juge administratif se prononce sur l'existence, la légalité ou le maintien en vigueur d'un acte administratif.

B. Le recours en interprétation de légalité

Saisi en dehors de tout procès devant le juge judiciaire ou sur renvoi préjudiciel, le juge administratif est chargé de déterminer le sens d'un acte administratif ambigu.

III. LE CONTENTIEUX DE LA RÉPRESSION

Le juge administratif peut revêtir les habits d'un juge pénal aux fins « *de poursuites contre des personnes en vue du prononcé d'une sanction* » (René Chapus). Tel est le cas, par exemple, s'agissant de la répression des contraventions de grande voirie. En effet, « *les contraventions de grande voirie sont instituées par la loi ou par décret, selon le montant de l'amende encourue, en vue de la répression des manquements aux textes qui ont pour objet, pour les dépendances du domaine public n'appartenant pas à la voirie routière, la protection soit de l'intégrité ou de l'utilisation de ce domaine public, soit d'une servitude administrative* » (art. L. 2132-2 du CG3P).